# JAPANESE FOR PROFESSIONALS

# JAPANESE
## FOR
# PROFESSIONALS

Association for Japanese-Language Teaching

KODANSHA USA

The Association for Japanese-Language Teaching (AJALT) was recognized as a nonprofit organization by the Ministry of Education in 1977. It was established to meet the practical needs of people who are not necessarily specialists on Japan but wish to communicate effectively in Japanese. In 1992 AJALT was awarded the Japan Foundation Special Prize. In 2010 it became a public interest incorporated association. AJALT maintains a website at www.ajalt.org.

Published by Kodansha USA, Inc., 451 Park Avenue South, New York, NY 10016

Distributed in the United Kingdom and continental Europe by Kodansha Europe Ltd.

First published in Japan in 1998 by Kodansha International
First US edition 2012 published by Kodansha USA

Printed in the United States of America
20 19 18 17 16 15 14 13 12     12 11 10 9 8 7 6 5 4 3 2 1

ISBN: 978-1-56836-460-5


www.kodanshausa.com

# Contents

# About Japanese for Professionals

*Japanese for Professionals* is a textbook specially designed for learners who need to communicate effectively in Japanese in real-life business situations. Learners should be familiar with at least basic Japanese and ideally be at Level 2, N3 or N2 of the Japanese Language Proficiency Test or the equivalent thereof.

When compiling the materials that make up this text we defined "business" as "any activity that is related to the work of an organization or its objectives and performed by a member or members of that organization within the same organization or with others outside the organization." Business, therefore, is always based on interpersonal relationships and as levels of formality in Japanese change somewhat according to such relationships—both insider-outsider and vertical hierarchy within one's own organization—the professional should expect to use *keigo* or honorific Japanese. Indeed the success of personal relationships is widely seen by many Japanese as been a prerequisite to corporate and business strength, explaining perhaps Japan's cultural emphasis on "harmony" and "respect". So much so, that the Japanese professional will often avoid affirmative language in favor of indirect expression when communicating in a business situation. Taking these and other factors into account, we have collected together in this text the essential phrases that are universally used across all industries and presented them in a way that encourages practical language acquisition.

## THE STRUCTURE OF THIS TEXTBOOK

*Japanese for Professionals* is comprised of seventeen lessons. In the first two lessons you will find an introduction to honorific Japanese that can be used for reference thereafter. From Lesson 3 we present expressions and phrases that are thought to be indispensable for business on a functional and situational basis. We have chosen to have independent characters and settings for each lesson in order to present a maximum number of business situations. Lessons 5, 8, 12, and 17 are special lessons to help you review expressions that have already been introduced. Basic information about Japanese corporate culture, management, and employment systems can be found in Lessons 13, 15, and 16. Finally, at the back of the book, you will find a List of Essential Expressions and two bilingual glossaries of all the new vocabulary included in this text.

### The Structure of Basic Lessons

With the exception of review lessons and the three lessons that provide basic information about Japanese business culture, each lesson comprises the following:

### Opening Dialogue

A short paragraph that precedes the Opening Dialogue provides key background information that will further your understanding of the dialogue and increase your awareness of the kind of business situations where you could actually use the expressions introduced in that lesson. These expressions are numbered for easy reference and sidelined when the dialogue is printed in vertical text and underlined when in horizontal text.

Many of the dialogues have been written in the polite form of Japanese. After fully studying the dialogues in the polite form, some learners depending on their requirements may wish to imagine different situations and practice the dialogues in the plain form. (Note some dialogues, such as the Opening Dialogue in Lesson 10, have been written in the plain form to reflect the level of intimacy between the speakers.)

## English Translation

Each dialogue has been rendered into natural spoken English to enable the learner to fully understand the context of every situation. In an effort to eliminate literal translation, some phrases have been omitted from the English.

## Vocabulary

As a rule that Vocabulary lists only contain words that are introduced for the first time. The English translations provide natural equivalents for each word in the context of its usage in the dialogue. Students should remember, then, that the equivalents given are only relevant in that context.

The English equivalents for job titles and department names given in the Reference Vocabulary in Lesson 1 are possible translations given as an example and not definitive renderings of Japanese terms into English.

## Essential Expressions

All expressions are classified by function with an accompanying English commentary. Examples sentences and dialogues are provided to illustrate the usage of any expressions that are not introduced in the Opening Dialogue. An English translation and a list of any new vocabulary is provided for each such example.

## Practice

Exercises are provided in the Practice section to help learners check progress and expose them to more situations where the expression introduced in that lesson can be used. Most exercises are in the form of an incomplete dialogue and learners should supply the missing phrases and expressions.

## Practice Answers

As with the Opening Dialogue most dialogues in this section have been written in the polite style. The answer given is always just one possible example of many other equally appropriate answers which for reasons of space cannot be included here.

*Furigana* have been printed above all kanji that do not appear on the list of *Gakushū Kanji* (1,006), a list compiled by the Japanese Ministry of Education and taught through the six grades of elementary school.

## LEARNING TECHNIQUES

### Basic Lessons

1. Read the Opening Dialogue and make sure that you fully understand the situation. Remember that the English translation is idiomatic and context-based and not literal.

2. Read the dialogue again. This time concentrate on the role that the Essential Expressions play in developing the conversation toward its conclusion.

3. Read the commentary given in the Essential Expressions section and check that you understand their usage. At the same time, learn any expressions that are not given in the Opening Dialogue.

4. In the Practice section you will find exercises which take the form of incomplete dialogues. Complete the dialogues with the most appropriate Essential Expressions introduced in the lesson. Compare your answers with our suggested solution in the Practice Answers section.

## Review Lessons

The object of the Review Lessons is to practice all the Essential Expressions that have been learned in previous lessons. As with the other lessons in this textbook, Practice Answers are provided in Lessons 5, 8, and 12 of the Review Lessons.

## Information-Providing Lessons

Lesson 13 comprises a short description of *nemawashi* and an example in dialogue form. There is also an explanation of the *Ringi*-system. At the end of the dialogue, you will find questions that encourage you to express what you think in Japanese.

Lesson 15 presents an example of the kind of informal business activities that usually occur after normal working hours. There is also an introduction to some very common Japanese proverbs in dialogue form.

Lesson 16 presents the Japanese Employment System through a series of dialogues. This theme is an extremely interesting at present as Japanese companies are undergoing change and moving away from their traditional practices. After reading this lesson, we recommend that you consult newspapers, periodicals, and websites for more up-to-date information. As in Lesson 13, questions are provided to let you express your own ideas in Japanese. Practice of formulating and expressing opinions concisely at this stage will be useful preparation for the group discussion in Lesson 17.

Lesson 17 is a Review Lesson that provides a framework for a group discussion about US–Japan Trade Friction. We advise that you read the instructions to this lesson carefully and in order to communicate smoothly make use of all the Essential Expressions that you have learned. For more effective practice, we suggest that students develop the discussion further by presenting related problems from their own experience as examples.

This textbook was originally based on a text that was prepared by Akira Fujimoto of AJALT for a summer course that he taught at Stanford University from 1992 through 1994. Other AJALT-affiliated instructors with substantial corporate experience have added dialogues that are based on actual business conversations and assisted with the subsequent development of the materials for general publication.

Preparation of this textbook was partially assisted with a grant from The Foundation of Language Education.

## ACKNOWLEDGMENTS

This textbook was written by five AJALT instructors, Akira Fujimoto, Miyako Utsumi, Makoto Amada, Katsuhiko Shiraishi, and Hiroyuki Kimura. The authors would also like to thank Paul Hulbert and other editorial staff at Kodansha International for translating and compiling the glossaries, as well as the usual editorial tasks.

# 本書について

　本書が対象としている学習者は、ビジネスの世界で実際に使える日本語の学習を志している人である。日本語レベルとしては少なくとも初級を終了し、日本語能力試験2級、N3またはN2相当の実力があることが望ましい。

　教材の開発に当たって、本書では「ビジネス」の概念を次のようにとらえた。

> 「ビジネス」とは、ある組織に属している人間が、同じ組織または外部の人間と、その組織の機能または目的を達するために、なんらかの関わりあいを持つ行為である。

　したがって、ビジネスの世界で用いられている日本語の表現は、組織の内外における「うち・そと」や、組織内の上下関係など、対人関係により変化する日本語固有の待遇表現の要素が深く関わってくる。

　また、「和を以て尊しとなす」とする日本の文化的風土の中では、意思疎通にあたって断定的表現を避け間接的な表現を用いることが多い。殊にビジネスの場では、人間関係を通してビジネスの継続性を保つという観点から、断定回避表現が多用される。

　以上を基本として、どの業種にも共通に必要となる表現を実践的に学習できるように作成した。

## 本書の構成

　本書は、17課から成っている。

- 1課「紹介」、2課「電話」では、待遇表現に関する基本的解説を加え、その後の学習の参考になるように考慮した。
- 3課以降は、機能・場面ごとに、ビジネスに必要不可欠と思われる表現を取り上げた。各課の登場人物や場面設定はそれぞれ独立しており、多彩なビジネス場面を紹介できるようにした。
- 5、8、12、17課は、総合練習の課とした。
- 13、15、16課では、日本の企業風土、経営や雇用のシステムについての情報の提供に重点を置いた。
- 巻末に、「ESSENTIAL EXPRESSIONS」の一覧と、和英・英和の語彙のGLOSSARYを付けた。

## 各課の構成

　総合練習と情報提供の課を除いて、基本的に、以下のように構成されている。

- 「OPENING DIALOGUE」
  まず、会話の状況を説明する文があり、それに基づいて会話が展開される。会話文には英訳があり、初出の語彙は「VOCABULARY」に英訳が示されている。
  会話文中の傍線・下線は「ESSENTIAL EXPRESSIONS」で解説した表現を示している。
- 「ESSENTIAL EXPRESSIONS」
  機能ごとにまとめて、英語で解説を加えた。「OPENING DIALOGUE」に含まれない表現については、例文を用意した。例文にも英訳と「VOCABULARY」を付けた。
- 「PRACTICE」
  その課で紹介した「ESSENTIAL EXPRESSIONS」を使って会話を完成させる練習問題である。
- 「PRACTICE ANSWERS」
  ここに紹介したものは、解答の一例で、これ以外にも適切な解答があり得る。

## 学習に当たって

- 本書の会話の文体は、丁寧体を主体にした。「PRACTICE ANSWERS」も同様である。丁寧体の会話を十分に学習した後に、学習者の必要に応じて、別の状況を想定して、普通体の会話を練習するとよい。(10課「OPENING DIALOGUE」のように、会話当事者の親疎関係を反映した普通体の会話もいくつか紹介してある)
- 「VOCABULARY」には、初出と思われるもののみ取り上げた。英訳については、文脈に沿った自然な英語を目標にした。したがって、「VOCABULARY」にあげた訳語は、その文脈における翻訳であることに注意してほしい。
- 文部科学省が指定しているいわゆる学習漢字(1,006字)以外の漢字にはルビを付けた。
- 1課の「REFERENCE VOCABULARY」の職名や部署名とその英訳は一例としての紹介である。

## 基本的な構成の課の学習に際して

- まず「OPENING DIALOGUE」を読んで、状況を理解する。英訳については、文脈に沿った自然な翻訳を目標にしたので、逐語訳ではない。
- 次に、傍線・下線と番号(この番号の順で「ESSENTIAL EXPRESSIONS」の解説がある)で示した「ESSENTIAL EXPRESSIONS」が会話を展開するうえでどのような役割を果たしているかに注意してもう一度読む。
- 「ESSENTIAL EXPRESSIONS」の解説を読み用法を確認する。同時に、「OPENING DIALOGUE」に含まれない表現についても学習する。
- 「PRACTICE」は、与えられた会話文に、学習した「ESSENTIAL EXPRESSIONS」をあてはめていく形式と、指示された状況にしたがって会話を完成していくものがある。解答をした後で、「PRACTICE ANSWERS」を読んで、参考にしてほしい。

## 総合練習・情報提供の課の学習に際して

- 総合練習は、それまでに学習した課の「ESSENTIAL EXPRESSIONS」を総合して使う練習を目的としている。
- 5、8、12課の総合練習の出題形式は、各課の「PRACTICE」と同様で、「PRACTICE ANSWERS」も付いている。
- 13課は「根回し」についての解説とその会話例である。稟議システムについての解説もある。会話の後に学習者の意見を聞く質問を用意した。
- 15課「仕事を終えて」ではビジネスの世界で通常の勤務時間外によくおこなわれているインフォーマルな活動を紹介したものである。ことわざを引用した会話例の紹介もある。
- 16課は、「日本的雇用システムの特徴」について、会話を通して紹介している。この話題は、日本の企業が従来のあり方から大きく変貌しつつある現在、非常に興味深い問題でもある。読了後は、新聞・雑誌・ウェブサイト等から新しい情報を取り入れて、知識を深めて欲しい。なお、13課同様この課にも、学習者の意見を聞く質問を用意した。自分の意見を簡潔にまとめる練習は、17課の討論の準備としても役立つだろう。
- 総合練習の17課は、討論を想定した。17課の指示文をよく読み、円滑なコミュニケーションを図るために、学習した「ESSENTIAL EXPRESSIONS」を活用してほしい。テーマには、「日米経済摩擦」を取り上げてある。そのほか、ケーススタディーとして学習者が置かれている環境に応じて適当な問題を取り上げ、討論を進めることができれば、さらに効果的である。

本書は、当協会の藤本明が'92〜'94年に米国スタンフォード大学の夏期講座のために準備したテキストを基に、長いビジネス経験のある当協会所属教師が収集した生きた会話例を加え、検討を重ねて開発したものである。

なお、本書の開発に当たって、財団法人言語教育振興財団から、一部ご助成いただいた。

## ACKNOWLEGEMENTS

本書の開発には、当協会所属教師、藤本明、内海美也子、甘田誠、白石勝彦、木村弘之の5名が当たった。

なお、英語翻訳、語彙表作成、用字の統一については、講談社インターナショナルの編集部の方々、とくにポール・ホバート氏にご尽力いただいた。

# Lesson 1

第 1 課

## Introductions

紹介

# 1 Self-Introduction

## 自己紹介

４月からＡＢＣ証券の東京支店に勤務することになったヤングさんが、歓迎会の席上で自己紹介をしている。

初めまして。[*1] ４月から調査部で仕事をすることになったヤングと申します。[*1]
３月まで、ニューヨーク支店の調査部で日系企業を担当していました。日本語は大学で２年ほど勉強しましたが、日本に来たのは今回が初めてです。
趣味はスポーツで、特にサッカーがすきです。歴史にも興味がありますので、この機会に日本の歴史も勉強したいと思っております。
教えていただきたいことがたくさんあります。どうぞよろしくお願いいたします。[*1]

Mr. Young, who began working at the Tokyo Branch Office of ABC Securities in April, introduces himself at a welcome party.

**How do you do? My name is Young**, and I began working in the Research Department in April. Until March, I was responsible for Japanese companies in the Research Department at our New York Branch Office. I studied Japanese for about two years in college, but this is the first time I've come to Japan.

My hobby is sports. I especially like soccer. I'm also interested in history, and I hope to take this opportunity to study Japanese history.

There are many things I would like you to teach me. **I look forward to receiving your help.**

## VOCABULARY

| | | |
|---|---|---|
| 自己紹介 | じこしょうかい | self-introduction |
| ＡＢＣ証券 | ＡＢＣしょうけん | ABC Securities |
| 歓迎会 | かんげいかい | welcome party |
| 席上 | せきじょう | on the occasion of, at |
| 調査部 | ちょうさぶ | Research Department |
| 日系 | にっけい | Japanese |
| 企業 | きぎょう | enterprise |
| 担当（する） | たんとう | be in charge of, be responsible for |
| 今回 | こんかい | this time |
| 趣味 | しゅみ | hobby |
| 興味がある | きょうみがある | be interested in |
| 機会 | きかい | chance, opportunity |

# ② Greetings When Meeting for the First Time
## 初対面のあいさつ

ＡＢＣ証券のジョンソンさんは、電機メーカーの山田部長に面会する。二人は初対面である。

| | |
|---|---|
| ジョンソン | 初めまして。ＡＢＣ証券のジョンソンと申します。どうぞよろしくお願いします。[*1] |
| 山田部長 | 山田です。こちらこそ、どうぞよろしく。[*1] |
| ジョンソン | 日本に来て３年になりますが、まだわからないことがいろいろあります。よろしくご指導のほどお願いいたします。[*1] |

Mr. Johnson of ABC Securities is meeting Mr. Yamada, a general manager at a company that manufactures electrical machinery. This is their first meeting.

| | |
|---|---|
| Johnson | How do you do? I am Johnson of ABC Securities. I am pleased to meet you. |
| Yamada | My name is Yamada. I am pleased to meet you, too. |
| Johnson | It's been three years since I came to Japan, but there are still many things that I have to learn. I look forward to your assistance. |

## VOCABULARY

| | | |
|---|---|---|
| 初対面 | しょたいめん | first meeting |
| 電機 | でんき | electric machinery |
| メーカー | | manufacturer |
| 面会（する） | めんかい | meet |
| 指導 | しどう | guidance, instruction |

## ESSENTIAL EXPRESSIONS

> **1**—Self-Introductions: Greetings When Meeting for the First Time
> 「自己紹介／初対面のあいさつ」

① 初めまして［名前］と申します。どうぞよろしくお願いします／いたします

② ［名前］です。こちらこそ、どうぞよろしく

③ （私は）～を担当しています／おります

④ （今後とも）よろしく（ご指導のほど、）お願いします／いたします

① is the basic greeting used when meeting someone for the first time. People often say it as they present their business cards. ② is a reply to ①; said as you receive the other person's business card and offer your own. In both ① and ②, you may say the name of your company or your title followed by の before your name, if necessary.

### EXAMPLE DIALOGUE

ジョンソン　初めまして。ＡＢＣ証券のジョンソンと申します。どうぞよろしくお願いします。

山田部長　　財務部長の山田です。こちらこそ、どうぞよろしく。

Johnson　　How do you do? I am Johnson of ABC Securities. I am pleased to meet you.

Yamada　　**I am Yamada, general manager of the Finance Department. I am pleased to meet you, too.**

The exchange of greetings is usually initiated by the visitor or party who is asking to do business. If the other party is older or one's senior and begins the exchange with ①, the visitor or party making the request should reply by repeating ① instead of ②.

### EXAMPLE DIALOGUE

山田部長　　初めまして。財務部長の山田です。

ジョンソン　初めまして。ＡＢＣ証券調査部のジョンソンと申します。どうぞよろしくお願いいたします。

Yamada　　How do you do? I am Yamada, general manager of the Finance Department.

Johnson　　How do you do? I am Johnson of the Research Department at ABC Securities. I am pleased to meet you.

③ is used to describe the work that you do.

- 私は調査部で電機業界を<u>担当しております</u>。

  **I am responsible for** the electrical machinery industry at our Research Department.

④ is used to close the conversation and is often prefaced with 今後とも ～ "from now on, too" in first meetings. Where appropriate, ご指導のほど "(I would like to receive) your assistance" may also be added to show respect for the other person's knowledge or experience.

## VOCABULARY

| | | |
|---|---|---|
| 今後とも | こんご | from now on |
| 財務 | ざいむ | finance |

## 3 Introducing People Inside and Outside the Organization

### 自社の人と社外の人を相互に紹介する

ＥＦ石油の田中販売課長は、販売促進パーティーの席上で、上司の（ＥＦ石油の）伊藤専務を、新しく代理店となった山本商事の山本社長に紹介する。

| | |
|---|---|
| 田中課長 | <u>山本社長、私どもの専務の伊藤です。</u>*2　伊藤は営業全般をみております。専務、<u>こちらはこのたび代理店になられた</u><u>山本商事の山本社長です</u>。*3　社長はＰ市でスーパーマーケットを経営しておられ、Ｐ市の商工会議所会頭もなさっています。 |
| 伊藤専務 | <u>初めまして、伊藤です。</u>*1　代理店をお引き受けいただき、ありがとうございます。 |
| 山本社長 | <u>山本と申します。</u>*1　<u>よろしくご指導のほど、お願いします。</u>*1 |

At a sales promotion party, Mr. Tanaka, sales manager for EF Petroleum, introduces his superior and senior managing director, Mr. Ito, to Mr. Yamamoto, the president of Yamamoto Trading Company, which has become a new dealer for EF Petroleum.

| | |
|---|---|
| Tanaka | **Mr. Yamamoto, this is Mr. Ito, our senior managing director.** Mr. Ito is in charge of our overall sales operation. Mr. Ito, **this is Mr. Yamamoto, president of Yamamoto Trading Company**, which has recently become a dealer for us. Mr. Yamamoto runs a supermarket in P City and is also the chairman of P City's Chamber of Commerce and Industry. |
| Ito | **How do you do? I am Ito.** Thank you very much for taking on our dealership. |
| Yamamoto | **I am Yamamoto. I hope that you will provide guidance to us.** |

## Note:

Remember not to use 〜さん when introducing subordinates, colleagues, and even superiors to anyone that does not belong to the same organization. For superiors, it is appropriate to refer to them by their title as illustrated in the conversation above.

## VOCABULARY

| | | |
|---|---|---|
| 自社 | じしゃ | one's own company or organization |
| 社外 | しゃがい | outside of one's own company or organization |
| 相互に | そうごに | to each other |
| ＥＦ石油 | ＥＦせきゆ | EF Petroleum |
| 販売課長 | はんばいかちょう | sales manager |
| 販売促進 | はんばいそくしん | sales promotion |
| 上司 | じょうし | one's superior |
| 専務 | せんむ | senior managing director |
| 引き受ける | ひきうける | undertake, take on (a job, a responsibility) |
| 山本商事 | やまもとしょうじ | Yamamoto Trading Company |
| このたび | | now, recently |
| 代理店 | だいりてん | agent, agency, dealer |
| 営業 | えいぎょう | business (mainly sales) |
| 全般 | ぜんぱん | overall |
| みる | | be responsible for |
| 経営（する） | けいえいする | manage, operate |
| 商工会議所 | しょうこうかいぎしょ | Chamber of Commerce and Industry |
| 会頭 | かいとう | chairman |

## ESSENTIAL EXPRESSIONS

> **2**—Introducing Superiors, Colleagues, and Subordinates to People Outside the Company 「社外の人に、自社の人を紹介する」

山本社長、（こちらは）私どもの 専務の伊藤 です／でございます。
[名前＋役職]　　　　　　　　　[役職＋の＋名前]

With this pattern, you normally refer to the outside person by surname and title; if the person does not have a title, use the surname and さん. Refer to the person from your company by their title followed by の and then their surname without さん; if there is no title, use their surname only without さん.

　In some companies, titles are used when talking about one's coworkers to outsiders but only さん is used when speaking to or about someone inside the company.

　The words 当社 and 弊社 are used to refer to one's own company to outsiders in letters and speeches or formal conversations, while 私ども is often used in regular conversations. A frequently used word for referring to another person's company is 御社.

### VOCABULARY

| | | |
|---|---|---|
| 役職 | やくしょく | title |
| 当社 | とうしゃ | our company |
| 弊社 | へいしゃ | our company (humble expression) |
| 御社 | おんしゃ | your company (honorable expression) |

> **3**—Introducing People Outside the Company to Superiors, Colleagues, and Subordinates 「自社の人に、社外の人を紹介する」

こちらは、山本商事 の 山本社長 です／でいらっしゃいます。
　　　　　[会社名]　[名前＋役職]

In dialogue 3, Tanaka introduces his superior, Mr. Ito, to the president of Yamamoto Trading Company before introducing President Yamamoto to Mr. Ito. Note, however, that when introducing a colleague or subordinate to a higher ranking member of another corporation, you should not introduce the person from the other company to the colleague or subordinate. This is illustrated in the following example sentence.

［代理店の山本社長に、部下の佐藤さんを紹介する。］

田中　　　山本社長、御社を担当いたします佐藤でございます。

佐藤　　　佐藤でございます。どうぞよろしくお願いいたします。

[Tanaka introduces his subordinate to President Yamamoto]

Tanaka　　President Yamamoto, this is Sato, who will be looking after your account.

Sato　　　How do you do? I am Sato.

## EXPLANATION: KEIGO I

The use of Keigo (敬語) is determined by the relations between the speaker, listener, and the topic being discussed.

In business situations, the use of Keigo is based primarily on the insider-outsider (内外) relation and secondarily by the superior-subordinate (上下) relation.

In dialogue 3 above, Mr. Tanaka introduces his superior, Mr. Ito, to someone from outside his company by saying 伊藤は営業全般をみております. Even though Mr. Ito is Mr. Tanaka's superior, when speaking to an outsider Mr. Tanaka uses the humble (謙譲) expression ～おります to refer to Mr. Ito because, from Mr. Tanaka's point of view, Mr. Ito is an insider.

If Mr. Tanaka were speaking directly to Mr. Ito, the superior-subordinate relation would come into play and he would use honorific language.

### EXAMPLE

■ 専務、明日Ｐ市の山本商事の社長に会っていただけますか。

Mr. Ito, could you meet the president of Yamamoto Trading Company from P City tomorrow?

The determination of who is superior and who is subordinate is based primarily on job titles, while the year they joined the company and their number of years of service should also be considered.

The important expressions given in 1 to 3 above show both the normal polite endings (です, ます) and the honorific polite endings. You may use either one, though your speech will sound very formal if you use the honorific forms every time.

(Note that the translations of job titles and business divisions are only provided as a guide and may well vary from company to company.)

| 会長 | かいちょう | chairman |
|------|-----------|----------|
| 社長／頭取 | しゃちょう／とうどり | president, (bank) president |
| 副社長 | ふくしゃちょう | executive vice president |
| 専務 | せんむ | senior managing director |
| 常務 | じょうむ | managing director |
| 部長 | ぶちょう | general manager |
| 課長 | かちょう | manager, section chief |
| 次長 | じちょう | deputy manager |
| ～代理 | ～だいり | deputy ~ |
| ～補佐 | ～ほさ | assistant ~ |
| 代表取締役 | だいひょうとりしまりやく | representative director, legal representative |
| 取締役 | とりしまりやく | director |
| 株主総会 | かぶぬしそうかい | stockholders' meeting |
| 取締役会 | とりしまりやくかい | board meeting |
| 株式会社 | かぶしきがいしゃ | corporation |
| 有限会社 | ゆうげんがいしゃ | limited company |
| 合名会社 | ごうめいがいしゃ | unlimited partnership |
| 合資会社 | ごうしがいしゃ | limited partnership |
| 合同会社 | ごうどうがいしゃ | limited liability company |
| 相互会社 | そうごがいしゃ | mutual company |
| 人事 | じんじ | personnel, human resources |
| 営業 | えいぎょう | marketing, sales |
| 広報 | こうほう | public relations |
| 管理 | かんり | administration |
| 総務 | そうむ | general affairs |
| 開発 | かいはつ | development |
| 企画 | きかく | planning |
| 購買 | こうばい | purchase |
| 調査 | ちょうさ | research |
| 資材 | しざい | materials |
| 経理 | けいり | general accounting |
| マーケティング | | marketing |
| 財務 | ざいむ | finance |
| システム | | systems |

**I.** Check a company guidebook or other reference and learn the titles and department names at your company or at a company with which you do business.

**II.** Write out the greetings for a first-time meeting in the following situations:

1　新しく取引を依頼したい会社の担当者にあいさつする

2　あなたの会社に資材を納入している業者にあいさつする

3　監督官庁の担当者にあいさつする

**III.** Write out dialogues for introducing the following pairs of people:

1　取引先平成物産の佐々木課長に上司の山口専務を紹介する

2　上司の山口専務に取引先平成物産の佐々木課長を紹介する

3　上司の井上部長と取引先平成物産の佐々木課長を相互に紹介する

4　部下の松本さんを取引先平成物産の佐々木課長に紹介する

5　同僚の池田さんを取引先平成物産の森さんに紹介する

**IV.** Write similar dialogues for II and III, but this time use real people that you may someday actually introduce to each other.

**V.** Show your answers for IV to colleagues and ask for their opinions.

VOCABULARY

| 会社案内 | かいしゃあんない | company guidebook |
|---|---|---|
| 参考 | さんこう | reference |
| 取引先 | とりひきさき | business connection, client |
| 取引 | とりひき | deal, business |
| 資材 | しざい | materials, goods |
| 納入（する） | のうにゅう | deliver, supply |
| 業者 | ぎょうしゃ | dealer |
| 監督官庁 | かんとくかんちょう | supervising governmental office |
| 平成物産 | へいせいぶっさん | Heisei Trading Company |
| 部下 | ぶか | subordinate |
| 同僚 | どうりょう | colleague |
| 実際に | じっさいに | actually, really |
| 可能性 | かのうせい | possibility |

## II.

1　初めまして。[会社名] の [名前] と申します。御社[おんしゃ]には、ぜひ私どもとお取引いただきたく、お願いに参りました[注1]。どうぞよろしくお願いします。

2　初めまして。(こんど[注2]購買[こうばい]担当になった)[名前] です。よろしくお願いします。

3　初めまして。[会社名] の [名前] と申します。今後ともよろしくご指導のほど、お願いいたします。

## III.

1　佐々木課長、私どもの専務の山口です。

2　専務、こちらは平成物産の佐々木課長です。

3　佐々木課長、私どもの部長の井上[いのうえ]でございます。部長、こちらは平成物産の佐々木課長でいらっしゃいます。

4　佐々木課長、私の課の松本です。どうぞよろしくお願いします。

5　森さん、同僚[どうりょう]の池田です。私同様[注3]どうぞよろしく。

注1 A manufacturer that wants to sell its products might say instead 本日は、御社[おんしゃ]に私どもの製品を納入させていただきたいと思いまして伺[うかが]いました.

注2 A more polite version of こんど is このたび.

注3 This means "please treat him or her as you have treated me." If you have taken over the job of another person, then you would say 前任者同様 "as (you have treated) my predecessor."

For example, a person who has just been appointed to replace another might say the following when speaking to someone outside the company:

「初めまして。このたび、御社[おんしゃ]の担当をさせていただくことになりました池田でございます。前任者同様、どうぞよろしくお願いいたします。」（社外）

"How do you do? I am Ikeda, and I will be looking after your company now. Please treat me as you have treated my predecessor."

If you are speaking to a company insider, you might say:

「初めまして。今月１日付[いっぴ]でこの課に配属になりました森です。どうぞよろしくお願いします。」（社内）

"How do you do? I am Mori, and I have been assigned to this section as of the first of this month. I look forward to working with you."

# IV. and V.

All industries, corporations, and other organizations tend to have their own way of talking with many specialized expressions and conventions that cannot be covered in full here. This is why we recommend that for this lesson you prepare conversations based on the advice of colleagues, secretaries, etc. It is always important to focus on the way people around you express themselves.

## VOCABULARY

| | | |
|---|---|---|
| 同様 | どうよう | same as |
| 本日 | ほんじつ | today |
| 前任者 | ぜんにんしゃ | predecessor |
| 1日付 | ついたち／いっぴづけ | as of the first (day of the month) |
| 配属（する） | はいぞく | assign |

# Lesson 2

第2課

## Telephone

電話

| | 電話をかける | 電話を受ける |
|---|---|---|
| I | 名乗る・呼び出す | 名乗る・取り次ぐ |
| II | 1（相手が出る）<br>    ↓   2 相手が出られない<br>    ↓    （不在／電話中）<br>用件を話す    ↓<br>    ↓        ↓ | 1（受ける）<br>    ↓   2 取り次ぐ<br>    ↓    （不在／電話中）<br>用件を聞く    ↓<br>    ↓        ↓ |
| III | •        ↓<br>•   1 かけなおす<br>•   2 コールバックを頼む<br>•   3 伝言を頼む  IIへ<br>•    ↓  4 待つ  ↑<br>•    ↓  （電話中のとき）<br>↓    ↓ | •        ↓<br>•   1「かけなおす」に対応<br>•   2「コールバックを頼む」に対応<br>•   3「伝言を頼む」に対応<br>•    ↓  4「待つ」に対応<br>•    ↓  （電話中のとき）<br>↓    ↓ |
| IV | 電話を終える | |

| | Making a phone call | Answering a phone call |
|---|---|---|
| I | Give one's name. Ask for someone. | Give one's name.<br>Transfer the call to the requested person. |
| II | 1 (The other party comes on the line.)<br>↓  2 The other party is not available<br>    (absent or on another call).<br>            ↓<br>Describe purpose of call.  ↓<br>↓            ↓ | 1 (answer)<br>↓      2 Transfer<br>↓        (absent or on another call).<br>↓<br>Hear purpose of call.<br>↓            ↓ |
| III | •            ↓<br>• 1 Will call again later.<br>• 2 Ask to be called back.<br>• 3 Ask to leave a message.   To II<br>•   ↓  4 Say you will wait      ↑<br>•   ↓  (when on another call).<br>↓  ↓ | •            ↓<br>• 1 Respond to "Will call again later."<br>• 2 Respond to "Please call me back."<br>• 3 Respond to "May I leave a message?"<br>•   ↓   4 Respond to "I will wait"<br>•   ↓   (when on another call).<br>↓  ↓ |
| IV | End call | |

## VOCABULARY

| 名乗る | なのる | give one's name |
|---|---|---|
| 呼び出す | よびだす | ask to speak to |
| 取り次ぐ | とりつぐ | transfer (a call) |
| 相手 | あいて | the person who is called for |
| 不在 | ふざい | absence |
| 用件 | ようけん | object / purpose of a call |
| かけなおす | | call again |
| 対応 | たいおう | respond |
| コールバック | | call back, return a call |

## (a) A of Company A calls B at Company B
## A社のＡさんが、取引先Ｂ社のＢさんに電話をする

I (GIVE ONE'S NAME, ASK FOR SOMEONE/TRANSFER THE CALL) + II 1 (DESCRIBE PURPOSE OF CALL) + IV (END CALL)

I「名乗る／呼び出す・取り次ぐ」 + II 1「用件を話す」 + IV「電話を終える」

### DIALOGUE

「名乗る／呼び出す・取り次ぐ」

C 技術部です。*1

A A社のＡでございます*1が、いつもお世話さまでございます。*2

C こちらこそ。お世話になっております。*2

A Ｂさんはいらっしゃいますでしょうか。*3

C はい、少々お待ちください。*6

「用件を話す」

B Ｂです。*1

A A社のＡでございます*1が、いつもお世話になります。*2

B こちらこそ。*2

A 早速ですが*4、〜の件で*4……

「電話を終える」

B わかりました。*8

A では、よろしくお願いします。*5

B はい。じゃ、失礼します。*5

A 失礼します。*5

Note: Expressions that are usually left unsaid in English have been translated and crossed out.

Give one's name. Ask for someone/Transfer the call.

C Technical Department.

A This is A from Company A. ~~Thank you always for your help and kindness.~~

C ~~Likewise, I'm sure. We are indebted to you.~~

A Is B there?

C Yes. Please wait a moment.


Describe purpose of call.

B B speaking.

A This is A from Company A. ~~Thank you always for your help and kindness.~~

B ~~Likewise, I'm sure.~~

A Anyhow, regarding...


End call.

B I understand.

A Then I appreciate your cooperation.

B Very well. Good-bye.

A Good-bye.


## VOCABULARY

| | | |
|---|---|---|
| 技術部 | ぎじゅつぶ | Technical Department |
| お世話さま | おせわさま | thank you for your help and kindness (not usually translated in English) |
| お世話になる | おせわになる | be indebted to (not usually translated in English) |
| 早速 | さっそく | immediately, promptly (said when changing subject to one's main reason for calling) |
| ～の件 | ～のけん | concerning～, regarding～ |

## (b-1) A calls B, but B is absent → A will call again later
### Aさんが B さんに電話をするが、B さんは不在→電話をかけなおす

I (GIVE ONE'S NAME, ASK FOR SOMEONE) + II 2 (ABSENT) + III 1 (WILL CALL AGAIN LATER)
I「名乗る／呼び出す」+ II2「不在」+ III1「かけなおす」

### DIALOGUE

C　技術部のCです。[*1]

A　A社のAでございます[*1]が、いつもお世話さまでございます。[*2]

C　こちらこそ。[*2]

A　Bさんはいらっしゃいますでしょうか。[*3]

C　ただいま席を外しておりますが。[*6]

A　そうですか、それではあらためて電話させていただきます。[*7]

C　申し訳ありません。A社のAさんでいらっしゃいますね。

A　はい、そうです。

C　お電話のあったことを伝えますので。

A　はい、よろしくお願いします。[*5]

C　失礼します。[*5]


C　Technical Department. This is C speaking.

A　This is A from Company A. ~~Thank you always for your help and kindness.~~

C　~~Likewise, I'm sure.~~

A　Is B there?

C　He's away from his desk right now.

A　Oh. Well, I'll call again later.

C　I'm sorry. That was A from Company A, is that correct?

A　Yes, that's right.

C　I will tell B that you called.

A　Okay, thank you.

C　Good-bye.

## VOCABULARY

| | | |
|---|---|---|
| 席を外す | せきをはずす | not available, away from one's desk |
| あらためて | | again |
| ただいま | | now, at present |

## (b-2) A calls B, but B is absent → A asks for B to return the call

Aさんが Bさんに電話をするが、Bさんは不在→コールバックを頼む

I (GIVE ONE'S NAME, ASK FOR SOMEONE) + II 2 (ABSENT) + III 2 (ASK FOR A RETURN CALL)

I「名乗る／呼び出す」+ II2「不在」+ III2「コールバックを頼む」

## DIALOGUE

C　<u>技術部Cです。</u>*1

A　<u>A社のAでございます</u>1が、<u>いつもお世話さまでございます。</u>*2

C　<u>こちらこそ。</u>*2

A　<u>Bさんはいらっしゃいますでしょうか。</u>*3

C　<u>ただいま席を外しておりますが。</u>*6

A　それでは恐縮ですが、お戻りになったら、<u>お電話をいただきたいんですが……。</u>*7

C　<u>わかりました。</u>*8 A社のAさんでいらっしゃいますね。

A　はい、そうです。

C　恐れ入りますが、念のためにお電話番号を伺えますか。

A　3459の9620です。午後はずっと席におります。

C　はい。3459の9620ですね。Bが戻りしだいお電話するように伝えます。

A　はい、<u>よろしくお願いします。</u>*5

C　<u>失礼します。</u>*5

C   Technical Department. This is C speaking.

A   This is A from Company A. ~~Thank you always for your help and kindness.~~

C   ~~Likewise, I'm sure.~~

A   Is B there?

C   He's away from his desk right now.

A   I'm sorry, but when he returns **I would like to have him call me.**

C   Certainly. That was A from Company A, is that correct?

A   Yes, that's right.

C   Excuse me, but may I ask for your phone number, just in case?

A   3459-9620. I will be here all afternoon.

C   Fine. That's 3459-9620. I will tell B to call you as soon as he returns.

A   Thank you very much.

C   Good-bye.

## VOCABULARY

| 恐縮ですが | きょうしゅくですが | I'm sorry, but... |
| 恐縮 | きょうしゅく | (feeling) obliged, grateful, embarrassed |
| 恐れ入りますが | おそれいりますが | Excuse me, but... |
| 念のために | ねんのために | make sure, just in case |
| ～しだい | | as soon as ~ |
| 伝える | つたえる | tell, convey |

## c  A calls B, but B is on another call → A asks to leave a message

A さんがB さんに電話をするが、Bさんは電話中→伝言を頼む

I (GIVE ONE'S NAME, ASK FOR SOMEONE) + II 2 (ON ANOTHER CALL) + III 3 (ASK TO LEAVE A MESSAGE)

I「名乗る／呼び出す」＋II2「電話中」＋III3「伝言を頼む」

## DIALOGUE

C 技術部Cです。*1

A A社のAでございます*1が、いつもお世話さまでございます。*2

C こちらこそ。*2

A Bさんはいらっしゃいますでしょうか。*3

C すみません、ただいま電話中なんですが。*6

A そうですか、それでは伝言をお願いしたいんですが。*7

C はい、どうぞ。

A 先方との連絡がつきましたので一緒に12月1日3時にお伺いします。以上です。

C はい、わかりました。繰り返します。*7 12月1日3時にA社のAさんが先方の方とおいでくださる。以上でよろしゅうございますか。*7

A はい、そうお伝えいただければおわかりになると思います。*7

C かしこまりました。*8ではどうもお電話ありがとうございました。

A よろしくお願いします。*5

C 失礼します。*5

C Technical Department. This is C speaking.

A This is A from Company A. ~~Thank you always for your help and kindness.~~

C ~~Likewise, I'm sure.~~

A Is B there?

C I'm sorry, but he's on another call right now.

A Oh. Then I'd like to leave a message.

**C**   Fine. Go ahead.

**A**   I was able to contact the other party, **so we will come to your office at three o'clock on December 1. That's all.**

**C**   Yes, I understand. **Let me repeat it.** A of Company A will come with the other party at three o'clock on December 1. **Is that correct?**

**A**   **Yes, if you tell him that, I think he will understand.**

**C**   **Very well.** Thank you very much for calling.

**A**   Thank you.

**C**   **Good-bye.**

## VOCABULARY

| | | |
|---|---|---|
| 先方 | せんぽう | the other party |
| 連絡がつく | れんらくがつく | make contact |
| 以上 | いじょう | that's all |
| よろしゅうございますか | | Is that correct? |

---

# EXPLANATION: KEIGO II

When you read dialogue **c**, pay close attention to the shaded parts of the message. What A says is a humble version of（わたしが）先方と一緒に12月1日3時に行く "I will visit you with the other party at three o'clock on December 1." When C repeats that message, he uses honorific forms.

In such situations, however, it is important not to just substitute humble and honorific expressions for each other mechanically. You must choose the appropriate forms for the context.

Suppose, for example, that you are to convey the message あしたのお約束を、3時から3時半に変えていただきたい "I would like to change tomorrow's appointment from three o'clock to three-thirty." When you repeat that back for confirmation, it would be possible to change the 〜たい expression to the honorific お変えになりたい. However, it would better to avoid the verb altogether and say instead something like 明日のお約束の時間を3時から3時半に、ということですね. Expressions that presume to describe another person's feelings, such as 〜たい,（〜て）ほしい, etc., can sound rude, even when used in the お／ご〜になる honorific pattern.

It can be difficult to choose appropriate expressions during a brief phone call. If you are taking a message, then the most important thing is to convey the information accurately. Use the exercises at the end of this lesson to practice repeating messages.

## d ) A calls B, but B is on another call → A says he will wait

### AさんがBさんに電話をするが、Bさんは電話中→待つ

I (GIVE ONE'S NAME, ASK FOR SOMEONE) + II 2 (ON ANOTHER CALL) + III 4 (WILL WAIT)
I「名乗る／呼び出す」＋II2「電話中」＋ III 4「待つ」

## DIALOGUE

C 技術部Cです。*1

A A社のAでございます*1が、いつもお世話さまでございます。*2

C こちらこそ。*2

A Bさんはいらっしゃいますでしょうか。*3

C すみません、ただいま電話中なんですが。*6

A そうですか。長くかかりそうですか。

C いいえ、もう終わるかと思いますが。

A あ、そうですか。それでは少し待たせていただいてもよろしいでしょうか。*7

C はい。


C Technical Department. This is C speaking.

A This is A from Company A. ~~Thank you always for your help and kindness.~~

C ~~Likewise, I'm sure.~~

A Is B there?

C I'm sorry, but he's on another call right now.

A Oh. Is it likely to take long?

C No, I think he will be finished soon.

A Oh. **Then may I wait a bit?**

C Certainly.

**1 — Giving One's Name 「名乗る」**

① ［所属］です／でございます

② Bです／でございます

③ 〜の席です／でございます

④ ［所属］のAでございます

⑤ ［所属］のAと申します

① to ③ are used to identify yourself when you answer the telephone. At workplaces where quick responses are needed, 〜です is often preferred over 〜でございます. In these examples, only affiliation and name are given. When the call is received directly and not through a switchboard, however, often the company name is given first. In other words, you choose the necessary elements from the following formula:

Company name + affiliation + personal name

「会社名」 ＋ 「所属」 ＋ 「名前」

Use ① when several people share the same phone number, ② when the number is for your desk only, and ③ when answering the phone on another person's desk.

### EXAMPLE

■ はい、平成商事橋本の席でございます。

Hello, Heisei Trading Company. This is Hashimoto's desk.

④ and ⑤ are the most common ways of giving one's name when making a phone call. The 〜でございます in ④ is used when calling business contacts and others outside the company, or superiors within the company; in the latter case, you can say your department name or title instead of the company name. When speaking to colleagues or others that require less politeness, use 〜です.

⑤ is used when there is a possibility that the other person does not know who you are.

### EXAMPLES

■ 平成商事の宮沢と申しますが、村山部長はいらっしゃいますか。(社外)

I am Miyazawa from Heisei Trading Company. Is Mr. Murayama there? (speaking to someone outside the company)

■ 人事部の福田でございますが、財務部長はいらっしゃいますか。(社内)

Hello, this is Fukuda from the Personnel Department. Is the general manager of the Finance Department there? (speaking to someone inside the company)

Note the difference between 〜でございます and 〜と申します when you identify yourself. The former is the polite version of 〜です, while the latter is the humble form of 〜と言います. 〜でございます and 〜です are used when the other person probably already knows your name, and 〜と言います and 〜と申します when you are introducing yourself for the first time or whenever one feels that there is a valid reason for identifying himself.

## VOCABULARY

| 所属（する） | しょぞく | affiliation, belong to |
|---|---|---|
| 平成商事 | へいせいしょうじ | Heisei Trading Company |

## 2—Greetings 「あいさつ」

① （いつも）お世話さまでございます

② （いつも）お世話になります

③ （いつも）お世話になっております

④ こちらこそ

Used when calling business associates, these greetings are set phrases with no particular meaning. There are no major differences between ①, ②, and ③, although ① and ③ sound somewhat more polite than ②. Respond with こちらこそ and when extra politeness is required, repeat the greeting こちらこそ、お世話になっております, such as C uses in dialogue **a**.

## 3—Asking for Someone 「呼び出す」

① 〜はいらっしゃいますでしょうか

② 〜をお願いします／いたします

① is a polite pattern for asking for someone. Use it when calling a client or superior. ② is used when the person you are calling does not answer his or her own phone directly (first example) and when you are calling a family member or somebody from your own company who is at another location (second example).

■ 海外部の近藤<ruby>こんどう</ruby>課長を<u>お願いいたします</u>。
  Mr. Kondo of the Overseas Department, **please**.

■ お忙<ruby>いそが</ruby>しいところ恐縮<ruby>きょうしゅく</ruby>ですが、（自社名）の内田を<u>お願いします</u>。
  I'm sorry to bother you while you are busy, but **I would like to** speak to Ms. Uchida of (your company's name).

### VOCABULARY

お忙しいところ　　おいそがしいところ　　　while you are busy

---

**4**—Stating One's Business　「用件の切り出し」

① <u>早速ですが</u>

② <u>～の件で</u>

After an exchange of simple greetings, you may use ① to indicate that you are about to state the purpose of your call. ② is often used to specify the subject that you want to discuss.

### EXAMPLE

■ きのういただいた見積書<u>の件</u>でお電話したんですが、……
  I'm calling **about** the estimate you sent us yesterday.

### VOCABULARY

見積書　　みつもりしょ　　(written) estimate

---

**5**—Ending a Call　「電話を終える」

① <u>よろしくお願いします／いたします</u>

② <u>失礼します／いたします</u>

These expressions are used to end a phone call. ① is often used by the person who has made a request. When there is no reason to be polite, just よろしく is enough. In the preceding dialogues, A uses the polite versions of both ① and ②, but it is also possible to hang up without saying the final 失礼します.

When speaking to a superior, you should wait until the other person has hung up before you hang up your phone.

---

### 6—Transferring a Call 「取り次ぐ」

① 少々お待ちください

② ただいま席を外しておりますが

③ ただいま電話中なんですが

① is used when it is possible to transfer the call immediately. If the person being called cannot come to the phone promptly, use ② or ③ to state the reason why and ask what the caller wants to do.

Often ② or ③ is preceded by an apology, such as 申し訳ありません or すみません. In ③, 電話中 can be replaced by 来客中 "receiving a guest," 会議中 "in a meeting," 出張中 "on a business trip," 休暇中 "on vacation," etc. Often, though, it is best not to give too detailed an explanation over the phone. In such cases, ② is safer. If the caller asks when the person will return, you can reply with as much information as would be reasonable.

**VOCABULARY**

| | | |
|---|---|---|
| 来客 | らいきゃく | guest; visitor |
| 休暇 | きゅうか | vacation; day off |

---

### 7a—When the Other Party Is Absent 「相手不在時の対応」

① （それでは）あらためて／のちほど お電話をいたします

② お電話をいただきたいんですが・・・・・

③ （それでは）少し待たせていただいてもよろしいですか

Use ① to say that you will call back, ② to ask the other person to call you, and ③ to say that you will wait. When calling a superior or business contact, or making a special request, it is best to avoid ② unless the person who answers the phone says something like こちらからお電話するようにいたしましょうか "shall I have him call you?"

［AさんがBさんに電話するが、Bさんは不在］

A　そうですか……それでは……

C　戻<sub>もど</sub>りましたら、こちらからお電話するようにいたしましょうか。

A　では、恐<sub>おそ</sub>れ入<sub>い</sub>りますが、そのようにお願いいたします。

[A calls B, B is out]

A　Really… Well…

C　Shall I get B to call you when she gets back?

A　Yes, thank you. Would you do that for me?

## 7b—Leaving and Confirming a Message 「伝言を頼<sub>たの</sub>む／確認<sub>かくにん</sub>」

①　（それでは）伝言をお願いしたいんですが

②　電話のありましたことをお伝えいただけませんか

③　繰<sub>く</sub>り返<sub>かえ</sub>します

④　以上でよろしいですか／よろしゅうございますか

⑤　そうお伝えいただければおわかりになると思います

⑥　結構です

If you want to leave a message, use ①. Use ② if you want the person you are calling to be told that you called. ③ is used before repeating a message back for confirmation, and ④ is used to make sure that the repeated message was correct. The caller says ⑤ or ⑥ to say that the repeated message was in fact correct.

## 8—"I understand" 「了解」

①　わかりました

②　かしこまりました

③　承知しました

These expressions indicate understanding or consent. ① can be used in any situation. ② and ③ are more polite; ② gives an especially formal impression.

## I. Making a phone call: giving your name, greeting someone, asking for someone

電話をかける：「名乗る」「あいさつ」「呼び出す」

You are calling the people shown in 1 to 3. Write out what you will say.

    *Ex.*   社内の橋本さん

    *Ex. A*  ［（あなたの）名前］ですが、橋本さんをお願いします。

      1  山中部長

      2  取引先の河野さん

      3  外出先から（あなたの）秘書の佐藤さん

## II. Answering a phone call: giving your name, greeting someone

電話を受ける：「名乗る」「あいさつ」

Write your reply when you receive calls from the people shown in 1 to 3.

    *Ex.*   他の課の橋本さん

    *Ex. A*  ［（あなたの）名前］です。

      1  取引先の河野さん

      2  取引先の河野さんの秘書の鈴木さん

      3  上司の山中部長

## III. Answering a phone call: transferring the call

電話を受ける：「取り次ぐ」

Write out what you would say before transferring the calls described in 1 to 3.

    *Ex.*   出張中の同僚の中島さんに、新しい取引先の平成物産から

    *Ex. A* 申し訳ありません、中島はただいま席を外しておりますが……

      1  席にいる上司の田中部長に、取引先のABC証券の小沢さんから

      2  席を外している同僚の中島さんに、上司の田中部長から

      3  電話中の上司の田中部長に、（部長の）家族から

## IV. Asking to leave a message

伝言を依頼する

Write what you would say to leave the messages in 1 to 4.

   *Ex.* 明日3時に行く

   *Ex. A* 明日3時に伺うとお伝えください

    1 あさって4時に会いたい →

    2 月曜日に電話する   →

    3 10日の約束の時間を1時から3時に変更したい →

    4 ここに来てほしい   →

## V. Repeating back a message for confirmation

伝言を確認のために繰り返す

Now you are taking messages 1 to 4 in the previous exercise. Using honorific language, write out how you would repeat them for confirmation.

   *Ex.* 明日3時に伺うとお伝えください

   *Ex. A* 明日3時にいらっしゃる／おいでになる、以上でよろしいですか。

    1 →

    2 →

    3 →

    4 →

## VI. You try to call Mr. Kimura at M, Inc. but he is on a call. Complete the following telephone dialogue with the appropriate patterns given in this lesson.

あなたはM社の経理課長の木村さんに電話をしたが、木村さんは電話中だった。

M   経理課です。

あなた  _____ (「名乗る」+「あいさつ」)

M   こちらこそ、いつもお世話になっております。

あなた  _____ (「呼び出す」)

M   申し訳ありません、いま、電話中なんですが……

あなた  そうですか。長くかかりそうですか。

CASE 1　　　待つ

M　　　　もう終わるかと思いますが。

あなた　　そうですか。 ＿＿＿＿＿＿＿＿＿＿＿＿＿＿＿＿＿＿＿＿＿

（「相手不在時の対応」－待つ）

CASE 2　　　かけなおす

M　　　　そうですね、すぐ終わりそうもありませんが……。

あなた　　そうですか。 ＿＿＿＿＿＿＿＿＿＿＿＿＿＿＿＿＿＿＿＿＿

（「相手不在時の対応」－かけなおす）

CASE 3　　　コールバックを頼む

M　　　　そうですね、まだだいぶかかりそうですが……

あなた　　そうですか。 ＿＿＿＿＿＿＿＿＿＿＿＿＿＿＿＿＿＿＿＿＿

（「相手不在時の対応」－コールバックを頼む）

M　　　　承知しました。念のためにお電話番号をお願いします。

あなた　　＿＿＿＿＿＿＿＿＿＿＿＿＿＿＿＿＿＿＿＿＿＿＿＿＿

M　　　　XXXXのOOOOですね。

あなた　　はい、そうです。じゃ、よろしくお願いします。

# VII. Write out the following telephone dialogue according to the instructions given.

石川　　　・（ABC証券の石川が、）EF石油の藤本部長に電話をかける

EF石油　・電話に出て、藤本部長は出張中だと答える

石川　　　・藤本部長の出張の予定を聞く

EF石油　・来週水曜日に戻る予定だと伝える

石川　　　・伝言を依頼する

　　　　　・伝言の内容：来週の木曜日の午前中に電話をする

EF石油　・伝言を確認する

石川　　　・依頼の内容を再確認する

EF石油　・了解して、電話を終える

石川　　　・電話を終える

## VIII. Write out telephone dialogues, including greetings, for the following situations.

*Ex.* A calls B, a client, and asks him to send a catalogue of new products.

Aさんは、取引先のBさんに電話をして、新製品のカタログ送付を依頼する

A: Bさんに、新製品のカタログを1部、東京西支社あてに送ってほしいと連絡する。できれば、来週中にほしい

B: Aさんの依頼を受けて、あて先を確認し、明日発送すると答える

*Ex.* A

B　Bです。

A　Aです。いつもお世話になります。

B　こちらこそ。

A　早速ですが、御社の新製品のカタログを1部送っていただきたいんですが……

B　わかりました。あて先はどちらに？

A　私どもの、東京西支社にお願いしたいんです。住所は……。

B　あ、存じております。新宿区新宿1−1、HIJビル8階ですね。

A　はい、そうです。お忙しいところ、すみませんが、来週中に届くようにしていただければ……。

B　はい、明日発送できると思います。

A　そうですか、ではよろしくお願いします。

B　承知しました。

## VOCABULARY

| | | |
|---|---|---|
| あて先 | あてさき | address |
| 発送（する） | はっそう | send |

**CASE 1**

Mr. Tanaka, a managing director at ABC Securities, gets caught in a traffic jam on his way to an appointment with President Yamamoto of Heisei Trading Company. He calls to explain that he will be 15 minutes late.

ABC証券の田中常務は平成商事の山本社長に会う約束がある。車で平成商事に行く途中道がとても込んでいて、約束の時間に15分ぐらい遅れそうだ。

| 田中常務 | 山本社長の秘書に約束の時間に15分ぐらい遅<sup>おく</sup>れそうだと連絡<sup>れんらく</sup>する |
| --- | --- |
| 山本社長の秘書 | 山本社長が電話中であることを伝え、伝言を受ける |

---

**CASE 2**

Mr. Sakamoto, a manager at ABC Securities, calls President Yamamoto's secretary because he needs to get hold of Mr. Tanaka urgently.

ABC証券の坂本課長は、平成商事の山本社長を訪問する予定の田中常務に、至急連絡<sup>れんらく</sup>したいことができて、山本社長の秘書に電話をした。

| 坂本課長 | 上司の田中常務を呼び出す。<br>まだ到着<sup>とうちゃく</sup>していなかったら、到着<sup>とうちゃく</sup>しだいすぐに電話をするように伝言を頼<sup>たの</sup>む |
| --- | --- |
| 山本社長の秘書 | 田中常務から15分ほど遅<sup>おく</sup>れるという電話があったことを伝え、伝言を受ける |

## I.

1 ［(あなたの)名前]<sup>注1</sup> ですが、山中部長をお願いします。

2 ［(あなたの)会社名]の［(あなたの)名前]でございますが、いつもお世話になって おります。河野さんはいらっしゃいますでしょうか。

3 ［(あなたの)名前]です。外出先からなんですが、秘書の佐藤さんをお願いします。

## II.

1 ［(あなたの)名前]でございます。いつもお世話になっております。

2 ［(あなたの)名前]です。いつもお世話さまです。

3 ［(あなたの)名前]です。

## III.

1 はい、少々お待ちください。
  (上司へ) 部長／田中さん<sup>注2</sup>、ABC証券の小沢さんからお電話です。

2 中島／中島さん<sup>注3</sup> は、ただいま席を外しておりますが……

3 田中部長は、お電話中ですが……

## IV.

1 あさって4時にお目にかかりたい／お会いしたい<sup>注4</sup> とお伝えください。

2 月曜日にお電話する／お電話させていただく<sup>注5</sup> とお伝えください。

3 10日のお約束を1時から3時に変更していただきたいとお伝えください。

4 こちら<sup>注6</sup> においでいただきたいとお伝えください。

## V.

1 あさって4時にお会いするように／お会いになりたい<sup>注7</sup>、以上でよろしいですか。

2 月曜日にお電話くださる、以上でよろしいですか。

3 10日のお約束を1時から3時にご変更、以上でよろしいですか。

4 そちらに伺うように、以上でよろしいですか。

注1 If your name is not enough to identify you, give your department or section name first. Similarly, in 2) you should say your company name before your own name, and you may have to give the title or affiliation of the person you are calling.

注2 In some companies and organizations, people refer to each other by family name and title, such as 田中部長, while in other workplaces people use the name followed by さん.

注3 Whether or not to use さん after a colleague's name, when speaking to a superior at your company, depends on your relationship with the superior and the colleague, as well as the customs of your particular workplace.

注4 お目にかかる is more polite and gives an impression of emotional distance between the people who are to meet.

注5 In questions, the 〜させていただけませんか pattern is used to ask for permission politely. The affirmative form 〜させていただきます is used only when making an offer, as in this example.

注6 In formal speech, ここ is often replaced by こちら and そこ by そちら. In formal conversation, letters, etc., あした "tomorrow" often becomes 明日 and あさって becomes 明後日.

注7 With お会いになりたい, the subject of the verb 会う is the person to whom you are speaking. Depending on your relationship with that person, you may instead want to make the person in your company the subject of the verb by using お会いする.

# VI.

| | |
|---|---|
| M | 経理課です。 |
| あなた | ［あなたの会社名］の［あなたの名前］です。いつもお世話になります。 |
| M | こちらこそ、いつもお世話になっております。 |
| あなた | 木村課長をお願いしたいんですが……。 |
| M | 申し訳ありません、いま、電話中なんですが……。 |
| あなた | そうですか。長くかかりそうですか。 |

( CASE 1 ) 待つ

| | |
|---|---|
| M | もう終わるかと思いますが。 |
| あなた | そうですか。それでは少し待たせていただいてもよろしいですか。 |

( CASE 2 ) かけなおす

| | |
|---|---|
| M | そうですね、すぐ終わりそうもありませんが……。 |
| あなた | そうですか。それでは、あらためて電話させていただきます。 |

( CASE 3 ) コールバックを頼む

| | |
|---|---|
| M | そうですね、まだだいぶかかりそうですが……。 |
| あなた | そうですか。それでは、お電話が終わりしだい、こちらにお電話をいただきたいんですが……。 |
| M | 承知しました。念のためにお電話番号をお願いします。 |
| あなた | XXXXの〇〇〇〇［あなたの電話番号］です。 |
| M | XXXXの〇〇〇〇ですね。 |
| あなた | はい、そうです。じゃ、よろしくお願いします。 |

# VII.

| 石川 | ABC証券の石川と申します。いつもお世話になります。藤本部長はいらっしゃいますか。 |
|---|---|
| EF石油 | 申し訳ございません。藤本は出張中でございますが……。 |
| 石川 | そうですか…… いつごろお帰りになるご予定ですか。 |
| EF石油 | 来週水曜日には戻ることになっておりますが……。 |
| 石川 | では、来週の木曜日の午前中にお電話しますとお伝えください。 |
| EF石油 | わかりました。ABC証券の石川さんが、来週木曜日の午前中にお電話をくださる、以上でよろしいですか。 |
| 石川 | はい、結構です。じゃ、よろしくお願いします。 |
| EF石油 | 承知しました。失礼します。 |

# VIII.

CASE 1

| 秘書 | 社長席でございます。 |
|---|---|
| 田中 | ABC証券の田中ですが、山本社長は……。 |
| 秘書 | ただいま電話中でございますが……。 |
| 田中 | そうですか。じつは道が大変込んでいて、申し訳ないのですが、10時のお約束に15分ほど遅れそうなんです。社長にそのようにお伝えいただけませんか。 |
| 秘書 | かしこまりました。 |

CASE 2

| 坂本 | ABC証券の坂本ですが、いつもお世話さまです。 |
|---|---|
| 秘書 | こちらこそ。 |
| 坂本 | 恐れ入ります、私どもの田中がそちらに伺っておりましたら、お願いしたいんですが……。 |
| 秘書 | いえ、まだいらっしゃっていません。さきほどお電話がありまして、15分ほど遅れるとのことですが。 |
| 坂本 | そうですか、それでは恐縮ですが、到着しだい、私坂本まで連絡するようにお伝えいただけませんか。 |

秘書　　はい、かしこまりました。おいでになりしだい、坂本様までお電話な
　　　　さるようにお伝えいたします。

坂本　　よろしくお願いします。

秘書　　では、失礼いたします。

坂本　　失礼します。

# Lesson 3

第3課

## Giving Instructions

指示を与える

### Delegation of Authority

権限委譲

ブラウン：はい、かしこまりました。*4

山田：それから、もうひとつ、重要な得意先をぜひ回ってもらいたいと思います。もうすぐ、ブラウンさんには課長になってもらわなくてはいけないので、今回はいい機会だと思って、一生懸命やってください。*2

ブラウン：どうも。本当に、このような機会をいただいてありがとうございます。頑張ります。ところで、ちょっとお伺いしますが、緊急にご連絡しなければならないようなことが起こった場合には、どのようにすればよろしいでしょうか。

山田：そうですね、この日程表を見て、ファックスか電話を入れてください。*2

ブラウン：はい、わかりました。*4 それから、もうひとつ……。お留守中に、もし人事に関する問題が起こった場合については？

山田：そんな場合は、ブラウンさんが一人で決めないで、*3 部長に相談してもらえませんか。*2

ブラウン：はい、わかりました。*4

山田：それから、私の留守中に起こった重要事項については、リストアップして、私が帰ったら報告してくれませんか。*2

ブラウン：はい、承知しました。*4

山田：以上です。

ブラウン：はい、よくわかりました。*4 それでは気をつけてお出かけください。

山田：じゃ、よろしく頼みますね。*5

山田課長は、東南アジア出張を前にしてブラウンさんを呼び、留守中の仕事の進め方について指示を与えた。

山田課長　ブラウンさん、ちょっと話があるんですが。*1

ブラウン　はい。

山田　じつはですね、こんど、渡辺常務とご一緒して、東南アジアの市場調査に行くことになったんですよ。期間は来週の月曜日から三週間という予定ですから、今月の二十五日から出社できると思います。

ブラウン　そうですか、それは……。

山田　それで、ブラウンさんにはいろいろお願いすることがあるんですが。*2 その期間中は課長代理ということで、私の仕事を全面的にやってもらいたいと思います。*2 私の課長としての権限を全部ブラウンさんに委譲しますから。

ブラウン　いやあ、それは大役ですね。

山田　権限委譲についての内部手続きは今日中にすませておきます。

ブラウン　そうですか。

山田　それで、課長決裁の書類が回ってきますから、当然、ブラウンさんが決裁してください。*2

ブラウン　はい、わかりました。*4

山田　定例の課長会議にも出席してください。*2 その後の課内会議も、もちろん、ブラウンさんが仕切ってやってください。

$B$efore leaving on a business trip to Southeast Asia, Mr. Yamada, a manager, called over Mr. Brown and gave him instructions on how to proceed during his absence.

| | |
|---|---|
| Yamada | Mr. Brown, **I'd like to speak with you for a second.** |
| Brown | Yes? |
| Yamada | Well, it's been decided that I'm to go with the managing director, Mr. Watanabe, on a market survey of Southeast Asia. The period of the trip is scheduled for three weeks beginning next Monday, so I should be back in the office by the twenty-fifth of this month. |
| Brown | Oh, really? That's… |
| Yamada | **So I have a lot of things I'd like to ask you to do.** During that time, **I'd like you** to act as deputy section chief and handle all of my work. I will delegate all of my authority as section chief to you. |
| Brown | Well, that's quite a responsibility. |
| Yamada | I'll complete the internal procedures for the delegation of authority before the end of the day. |
| Brown | I see. |
| Yamada | Documents requiring the section chief's approval will come around, so naturally **you should** approve them. |
| Brown | **Yes, I understand.** |
| Yamada | **Please** attend the regular section chiefs' meeting, too. In the future, **you will** also manage the section meeting, of course. |
| Brown | **Yes, I understand.** |
| Yamada | **I would also like you** to visit our important customers. Soon we'll have to make you a section chief, so I think this will be a good chance for you. **Please** do your best. |
| Brown | Thank you. I am really very grateful for this opportunity. I will do my best. But I have a question. What should I do if something urgent comes up and I have to contact you? |
| Yamada | That's a good point. Check this itinerary and **try to reach me** by fax or telephone. |
| Brown | I see. Then, another question. What should I do if a personnel problem comes up during your absence? |
| Yamada | In that case, **could you** consult with the general manager? **Don't** decide by yourself. |
| Brown | I understand. |
| Yamada | Also, **could you** make a list of the important matters that arise while I'm gone and report to me when I return? |
| Brown | Very well. |
| Yamada | That's all. |
| Brown | Fine. **I understand perfectly.** I wish you a safe trip. |
| Yamada | Okay, **I'm counting on you.** |

## VOCABULARY

| | | |
|---|---|---|
| 指示（する） | しじ | instruct, instructions |
| 与える | あたえる | give |
| 権限 | けんげん | authority |
| 委譲（する） | いじょう | delegate |
| 留守 | るす | being away, absence |
| 市場調査 | しじょうちょうさ | market survey |
| 期間 | きかん | period, time |
| 出社（する） | しゅっしゃ | be in the office |
| 代理 | だいり | deputy |
| 全面的に | ぜんめんてき | overall, entirely |
| 大役 | たいやく | important responsibility |
| 内部手続き | ないぶてつづき | internal procedures |
| 決裁（する） | けっさい | approve |
| 定例 | ていれい | regular |
| 仕切る | しきる | manage |
| 得意先 | とくいさき | customer, client |
| 一生懸命 | いっしょうけんめい | do one's best |
| 頑張る | がんばる | do one's best |
| 緊急に | きんきゅうに | urgently |
| 日程表 | にっていひょう | itinerary |
| 重要事項 | じゅうようじこう | important matters |
| リストアップ（する） | | list |
| 報告（する） | ほうこく | report |

## 1—Openings 「指示」−切り出し

① ちょっと話があるんですが

② いろいろお願いすることがあるんですが

③ 悪いけ(れ)ど

① is used before giving instructions, asking for advice, etc. ② leads into a specific explanation of the instructions. ③ is often used to introduce minor requests to colleagues and subordinates or in other informal situations.

### EXAMPLE

■ 和田さん、ちょっと<u>悪いけ(れ)ど</u>、これをすぐ届けてくれませんか。
Mr. Wada, **sorry to bother you**, but could you deliver this right away?

## 2—Actions and Behavior 「指示」−動作・行為

① ～てくれ／もらえませんか

② ～てください

③ ～てもらいたい（と思います）

④ ～てほしい（と思います）

These patterns are commonly used to give instructions. ① is a mild expression, while ② through ④ suggest a more commanding tone. When と思います is added to ③ or ④, the expression becomes softer.

### EXAMPLE

■ 早速この情報を各支店にできるだけ早く<u>伝えてほしい（と思います）</u>。
**I'd like you to** send this information to all of our branch offices as quickly as possible.

## 3—Warnings and Prohibitions 「指示」−注意・禁止

① ～ないでください

② ～ないようにしてください

These expressions are used to give warnings and to tell people that something is prohibited. In ②, the final してください is sometimes omitted. ② is also used to ask someone to tell a third person not to do something (see Lesson 10). To make these commands stronger, you can add ぜひ before either ① or ②.

## EXAMPLES

- これ以上の妥協はし<u>ないようにしてください</u>。

  **Please do not** compromise any further.

- <u>ぜひ</u>、当社の基本方針を忘れ<u>ないように</u>。

  **Do not** forget our company's basic policy.

## VOCABULARY

| | | |
|---|---|---|
| 妥協 | だきょう | compromise |
| 方針 | ほうしん | policy |

---

## 4—Confirmation and Acknowledgment 「指示」−確認・承知

① <u>はい、わかりました</u>

② <u>はい、承知しました</u>

③ <u>はい、かしこまりました</u>

These expressions are used to affirm that you understand and consent to the other person's instructions. Compared with ①, ② is somewhat more formal and indicates the speaker's willingness to carry out the instructions. ③ is even more formal than ② and is often used by people in service industries when speaking to customers.

Be careful how you interpret わかりました in ①, because sometimes it may not indicate that the speaker actually consents to what the other person has said. Often わかりました is followed by しかし, でも, or another conjunction that indicates a contrasting meaning.

## EXAMPLE DIALOGUE 1

課長　この原稿は明日までに仕上げてくれ。

課員　<u>わかりました</u>。でも、今やっている書類も課長ので、明日までなんですよ。

Section Chief　Finish this draft by tomorrow.

Section Worker　**Okay**, but the documents I'm working on now are for you, too, and they're also due tomorrow.

In this example, the section worker's わかりました does not indicate that he agrees to finish the new job by tomorrow. In fact, he is protesting implicitly against his boss, who keeps ordering him to do more work.

## EXAMPLE DIALOGUE 2

課員　　　課長、この前からお願いしている増員の件はどうなりましたか。これ じゃ、忙 (いそが) しくて夏休みもとれませんよ。

課長　　　わかった。わかった。そのうち、人事に話しておくよ。

Section Worker　Boss, I've been asking for some time that we increase our manpower here. What has happened with that? If we continue like this, we'll be too busy to take a summer vacation.

Section Chief　Okay, okay. I'll talk to the Personnel Department soon.

Here, the section chief is not agreeing to increase their manpower. He's being pestered to add more workers, so he says わかった in order to avoid the topic for the time being. Here, therefore, 承知しました cannot replace わかった. People often say わかった、わかった when they want to stop talking about a subject. Be careful when you hear this expression, as you may have to guess at the speaker's intended meaning.

## VOCABULARY

| | | |
|---|---|---|
| 仕上げる | しあげる | complete, finish |
| 増員 | ぞういん | manpower increase |

## 5—Summing Up　「指示」－まとめ

①　よろしく頼 (たの) みます

②　よろしくお願いします

These expressions are commonly used when you have finished giving instructions to someone. ① is used when you strongly expect the listener to do as instructed.

## EXAMPLE

■ じゃ、留守中のことはよろしくお願いします。
**Then please** handle everything while I am gone.

Complete the following dialogues using patterns given in this lesson.

## I. Complete the following dialogues using patterns given in this lesson.

*Ex.* 　課長はスミスさんに指示を与<sub></sub>えようと思いスミスさんを呼ぶ。

**課長**　スミスさん、＿＿＿＿＿＿＿＿＿＿。（「指示」－切り出し）(Openings)

*Ex. A*　スミスさん、<u>ちょっと話があるんですが</u>。

課長は、今日午後3時から予定していた定例の課長会議に、都合で出席できなくなった。したがって、課長代理のスミスさんを呼んで、指示を与えた。

**課長**　スミスさん、＿＿＿＿＿＿＿＿＿＿。（「指示」－切り出し）(Openings)

**スミス**　はい。

**課長**　都合で今日の課長会議に出席できなくなったので、私の代わりに＿＿＿＿＿＿＿＿＿＿。（「指示」－動作・行為）(Actions and Behavior)

**スミス**　はい、＿＿＿＿＿＿＿＿＿＿。（「指示」－確認・了承）(Confirmation and Acknowledgment)

**課長**　それから、明日の朝一番で、会議の内容を書面で＿＿＿＿＿＿＿＿＿＿。（「指示」－動作・行為）(Actions and Behavior)

**スミス**　はい、＿＿＿＿＿＿＿＿＿＿。（「指示」－確認・了承）(Confirmation and Acknowledgment)

**課長**　＿＿＿＿＿＿＿＿＿＿。（「指示」－まとめ）(Summing Up)

## VOCABULARY

| 都合で | つごうで | due to inconvenience |
|---|---|---|
| したがって | | therefore |
| 代わりに | かわりに | on one's behalf |
| 書面で | しょめんで | in writing |

**II.** 来月5日から、バンコクで各支店の販売担当者会議がある。営業部長のあなたは
小林課長を呼んで、次のような指示を与える。

---

1　　バンコクの会議に出張すること。
　　（「指示」-切り出し）＋（「指示」-動作・行為）softer tone
　　　　（Openings）　　＋　　（Actions and Behavior）

2　　会議は3日間で終わるが、会議の後でシンガポールと香港に寄って、
　　市場調査をすること。
　　（「指示」-動作・行為）slightly commanding tone
　　　（Actions and Behavior）

3　　15日までに帰国すること。
　　（「指示」-動作・行為）slightly commanding tone
　　　（Actions and Behavior）

4　　17日の部内会議で出張報告をすること。
　　（「指示」-動作・行為）moderate commanding tone
　　　（Actions and Behavior）

## VOCABULARY

| 各 | かく | each |
| 帰国（する） | きこく | return to one's country |
| 部内会議 | ぶないかいぎ | internal department meeting |
| 出張報告 | しゅっちょうほうこく | report on business trip |

**III.** スミスさんは、来週月曜日から大阪で開かれる会議に出席するため、3日間出張す
ることになった。この出張について秘書の鈴木さんに指示した。

---

　　スミス

• 大阪への出張目的と予定を話す。

• ホテルと往復の交通機関を予約すること。
　　（「指示」-動作・行為）softer tone
　　　（Actions and Behavior）

• 交通機関については、行きは新幹線、帰りは飛行機にすること。
　　（「指示」-動作・行為）slightly commanding tone
　　　（Actions and Behavior）

**秘書**

- すぐ手配する。（「指示」−確認・了承）
  (Confirmation and Acknowledgment)

- ホテルはスミスさんがいつも泊まる大阪ホテルを予約する。

**スミス**

- 出張中に急用があった場合は、大阪支店の宮沢さんに連絡すること。
  （「指示」−動作・行為）softer tone
  (Actions and Behavior)

- 5時を過ぎた場合は、ホテルにメッセージを残すこと。
  （「指示」−動作・行為）slightly commanding tone
  (Actions and Behavior)

    ＊   ＊   ＊

**秘書**

- 行きの新幹線はとれたが、帰りの飛行機は満席のため予約できなかった。

**スミス**

- それではできるだけ9時までに東京に着く新幹線をとること。
  （「指示」−動作・行為）commanding tone
  (Actions and Behavior)

**秘書**

- 了承した。（「指示」−確認・了承）
  (Confirmation and Acknowledgment)

---

**VOCABULARY**

| | | |
|---|---|---|
| 目的 | もくてき | purpose |
| 交通機関 | こうつうきかん | transportation facilities |
| 手配（する） | てはい | arrange |
| 急用 | きゅうよう | urgent matter |
| 満席 | まんせき | completely booked |

## PRACTICE ANSWERS

### I.

課長　スミスさん、<u>ちょっと話があるんですが</u>。

スミス　はい。

課長　都合で今日の課長会議に出席できなくなったので、私の代わりに出席<u>してくれませんか</u>。

スミス　<u>はい、わかりました</u>。

課長　それから、明日の朝一番で、会議の内容を書面で報告<u>してください</u>。

スミス　はい、承知しました。

課長　<u>よろしく頼みます</u>。

### II.

1　小林さん、<u>ちょっと話があるんですが</u>。じつは、来月5日からバンコクで各支店の販売担当者会議があるんですが、出席<u>してくれませんか</u>。

2　会議は5日から7日までの3日間ですが、その後シンガポールと香港に寄って<u>市場</u>調査を<u>してください</u>。

3　それから、15日までには帰国<u>してください</u>。

4　そして、17日に部内会議がありますから、そこで出張報告を<u>してもらいたいと思います</u>。

### III.

スミス　鈴木さん、来週月曜日から3日間、大阪で会議があるんで、出張します。ホテルと往復の交通機関の予約を<u>してくれませんか</u>。行きは新幹線で、帰りは飛行機に<u>してください</u>。

秘書　<u>はい、わかりました</u>。すぐ手配します。それから、ホテルはいつもお泊まりの大阪ホテルを予約します。

スミス　何か出張中に急用があったら、大阪支店の宮沢さんに連絡<u>してくれませんか</u>。もし、5時を過ぎたら、ホテルにメッセージを残<u>してください</u>。

秘書　はい、承知いたしました。

秘書　失礼します。ご出張の切符の件ですが、行きの新幹線はとれたんですが、帰りの飛行機は満席で予約できませんでした。

スミス　ああ、そうですか。では、できるだけ9時までに東京に着く新幹線をとって
　　　　ください。

秘書　　はい、わかりました。

# Asking for Opinions, Asking Questions

## 意見を聞く、質問

Market Research

市場調査

中島　　ええ、私も当時開発段階でK&Lリサーチとのかかわりを持ちましたのでよく覚えております。

部長　　ですから、今回もK&Lリサーチを使ったらどうかと考えています。

中島　　はい、わかりました。そういたします。ところで、調査の期間ですが……。かなりの期間が必要かと思いますが、その点についてはどうお考えでしょうか。*2

部長　　そうですね。やはり、タイミングが重要ですから、できるだけ早いほうがいいですね。

中島　　そのとおりだと思います。

部長　　しかし、早いほうがいいからといって、調査が雑になっても困ります。十分でないかもしれませんが、二ヵ月半ぐらいでやってもらえませんか。

中島　　そうですか。承知いたしました。それでは9月末までにレポートを部長にお出しするということでいかがでしょうか。*4

部長　　そうしてもらえれば非常にありがたいと思います。ぜひ、その線でやってください。

中島　　はい、わかりました。最後にもうひとつお聞きしたいことがございますが、*3

部長　　どうぞ、なんですか。

中島　　この仕事を進めるにあたり、いろいろな部署の協力を得たり、アイディアをもらうことも必要になってくるかと思います。その点、あらかじめ、部長のほうからしかるべくその部署にお口添えいただると、大変ありがたいんですが、その辺いかがでしょうか。*2

部長　　ああ、それはもちろんですよ。私のほうから事前によく関係部署に連絡しておいて、調査がスムーズにいくようにしておきますから……。

中島　　よろしくお願いいたします。頑張りますので……。

平成電気には社運をかけて数年来開発している次世代機器がある。その完成の見通しがついて、販売戦略を検討する段階に入った。そこで、販売企画部長は課長の中島さんに市場調査を命じた。

部長　中島さん、じつは、例の新製品の商品化の見通しもついてきたし、次は、販売戦略の検討ということになります。ついては、いろいろ意見を聞きたいと思って……。[*1]

中島　はい、なんでしょうか。

部長　うん、まず市場調査をしなければならないんだけど……。その市場調査を、やってもらいたいんですが。

中島　そうですか。いよいよですね。当社としても社運をかけた新商品だということとは、われわれもよく承知しています。ところで早速ですが、ひとつお聞きしてもよろしいでしょうか。[*3]

部長　ああ、どうぞ。

中島　その市場調査にあたっては特に他社の動向と競争商品に重点を置くと考えてよろしいでしょうか。[*4]

部長　そうです。そのとおりです。

中島　わかりました。それからもうひとつ、さらにお尋ねいたしますが……。この市場調査はかなり大がかりな総合的調査が必要かと思われます。そのために信頼のおける調査機関を使って調査すべきでしょう。その点についてお聞かせいただければ……。[*2] [*3]

部長　ああ、重要なポイントですね。私も同感です。前に、われわれがアメリカで新しい商品を売り出すときに同じような市場調査をやっています。覚えていますね。

中島　はい、覚えております。

部長　あのとき使ったＫ＆Ｌリサーチが非常にいい仕事をしてくれましたよね。

For several years, Heisei Electric has been developing a next-generation product, on which it is staking its destiny. The product's completion is now in sight, and the company has entered the stage for planning its sales strategy. The general manager of the Sales Planning Department asks his section chief, Nakajima, to conduct market research.

| | |
|---|---|
| General Manager | Mr. Nakajima, the marketing of that new product is now close at hand, so the next thing we have to do is to consider our sales strategy. In that regard, **I'd like to ask for your opinion on various matters.** |
| Nakajima | About what in particular? |
| General Manager | Well, first we have to do some market research. Could you do that for us? |
| Nakajima | Ah, so that time is now upon us. We're well aware that the destiny of our company lies with this new product. **First, though, may I ask you one thing?** |
| General Manager | Certainly, go ahead. |
| Nakajima | **Am I correct in thinking** that the market research should give special priority to other companies' movements and competing products? |
| General Manager | Yes, exactly. |
| Nakajima | I understand. **Then I'd like to ask another question.** I think that this market research will have to be quite large scale and comprehensive. We should do the survey using a reliable research organization. **If you could tell me how you feel about that question...** |
| General Manager | Yes, that is an important point. I feel the same way. Before, when we launched a new product in the United States, we did similar market research. You remember, right? |
| Nakajima | Yes, I remember. |
| General Manager | K&L Research, the company we used then, did a very good job for us. |
| Nakajima | Yes, I was involved with K&L Research at the development stage then, so I remember very well. |
| General Manager | So I'm thinking that we should use K&L Research this time, too. |
| Nakajima | Fine. That's what we'll do. But what about the period of the research? I think that quite a long time will be needed. **What are your thoughts about that?** |
| General Manager | Well, as usual, the timing is important, so the earlier the better. |
| Nakajima | That's right. |
| General Manager | But even though earlier is better, the research shouldn't be sloppy. While it still may not be enough time, could you do it in about two and a half months? |
| Nakajima | Oh. I understand. **Then how would it be** if we submit the report to you by the end of September? |
| General Manager | I would be very grateful if you could do that. Please do it along those lines. |
| Nakajima | Very well. **Finally, there's one more thing I'd like to ask.** |
| General Manager | Yes? What is it? |
| Nakajima | To carry out this work, we will need the cooperation and ideas of various departments. In that regard, I would be very grateful if you could arrange properly the support of those departments in advance. **How do you feel about that?** |
| General Manager | Yes, of course. I will contact the related departments in advance so that the research proceeds smoothly. |
| Nakajima | Thank you. We will do our best. |

## VOCABULARY

| | | |
|---|---|---|
| 平成電気 | へいせいでんき | Heisei Electric |
| 社運 | しゃうん | destiny of the company |
| かける | | stake, risk |
| 開発（する） | かいはつ | develop |
| 次世代 | じせだい | next generation |
| 機器 | きき | machinery, equipment |
| 見通し | みとおし | prospect, in sight |
| 販売戦略 | はんばいせんりゃく | sales strategy |
| 段階 | だんかい | stage |
| 命じる | めいじる | order, instruct, direct |
| 商品化 | しょうひんか | merchandising, marketing |
| 動向 | どうこう | movements |
| 競争 | きょうそう | competition |
| 重点を置く | じゅうてんをおく | give priority |
| 尋ねる | たずねる | ask (a question) |
| 大がかり | おおがかり | large scale |
| 総合的 | そうごうてき | overall, comprehensive |
| 信頼の置ける | しんらいのおける | trustworthy, reliable |
| 機関 | きかん | organization |
| 同感（する） | どうかん | agree, feel the same way |
| かかわりを持つ | | be involved with |
| 雑になる | ざつになる | sloppy |
| その線でやってください | そのせんでやってください | please do it along those lines |
| 部署 | ぶしょ | division, department, section |
| しかるべく | | properly |
| 口添え | くちぞえ | support, backing |

## ESSENTIAL EXPRESSIONS

### 1—Asking for Opinions: Openings 「意見を聞く」−切り出し

① いろいろ意見を聞きたいと思って……
② いろいろご意見を伺いたいと思っております
③ 率直な／遠慮のない（ご）意見をお聞かせいただきたいと思います

In the above dialogue, the manager is speaking to a subordinate, so he uses just 聞きたい to introduce his questions. If politeness is needed, then ② would be more appropriate. ③ is often used when asking formally for another person's frank opinion.

■ 今年度のセールスキャンペーンを実施<sub>じっし</sub>するに際して、販売店<sub>はんばいてん</sub>の皆<sub>みな</sub>さんから、いろいろとご意見を伺<sub>うかが</sub>いたいと思っております。

　　As we put into effect our sales campaign for this fiscal year, **I would like to ask you**, our sales dealers, **for your opinion on various matters.**

■ 特にこの問題は重要ですから、皆さんの<u>率直<sub>そっちょく</sub>な</u>／<u>遠慮<sub>えんりょ</sub>のないご意見をお聞かせいただきたいと思います。</u>

　　This problem is particularly important, so **I would like to hear your frank opinion.**

## VOCABULARY

| 率直 | そっちょく | frank |
|------|-----------|-------|
| 遠慮 | えんりょ | reserve |
| 実施（する） | じっし | put into effect |
| 際して | さいして | when |
| 販売店 | はんばいてん | sales dealer |

> ## 2—Asking for Opinions: Drawing Out Another Person's Opinion
> 「意見を聞く」-引き出し

① 　<u>～についてお聞かせいただければ（ありがたいと思います）</u>

② 　<u>～について（は）どうお考えでしょうか</u>

③ 　<u>～について（は）どう思われますか／思いますか</u>

④ 　<u>その辺、いかがでしょうか</u>

① through ③ are polite expressions for drawing out another person's opinion or ideas about a specific topic. ④ is used when the point of the question is more vague.

## EXAMPLE DIALOGUE

| 政治家 | 特殊法人<sub>とくしゅ</sub>の統廃合問題<sub>とうはいごう</sub>については、あくまでも政治主導でおこなわれるべきだと考えております。 |
|--------|---|
| 記者A | これにはいろいろと歴史的背景があると思われますが、<u>その辺についてどう思われますか</u>。 |
| 記者B | その辺をもう少し具体的に<u>お聞かせいただければ</u>ありがたいと思います。 |

| Politician | I believe that the merging or closing of special corporations should be done under the government's direction. |
|---|---|
| Reporter A | I believe that there are various historical factors behind this problem. **What is your opinion on that?** |
| Reporter B | **We would appreciate it if you could speak** a bit more concretely about those matters. |

## EXAMPLE

■ 最近の急速な円高の傾向<sup>けいこう</sup>についてはどう思われますか。

What do you think about the recent tendency toward a rapid increase in the yen's exchange rate?

## VOCABULARY

| 漠然 | ばくぜん | vague |
|---|---|---|
| 政治家 | せいじか | politician |
| 特殊法人 | とくしゅほうじん | special (semigovernmental) corporations |
| 統廃合 | とうはいごう | merging or closing |
| 主導 | しゅどう | initiative, direction |
| 記者 | きしゃ | reporter |
| 歴史的背景 | れきしてきはいけい | historical factors |
| 具体的 | ぐたいてき | concrete |
| 急速 | きゅうそく | rapid |
| 円高 | えんだか | high value of the yen |
| 傾向 | けいこう | tendency |

---

**3—Questions: Broaching Questions　「質問」－切り出し**

① ひとつお聞きしてもよろしいですか

② お聞きしたいことがございます/質問があります

③ もうひとつ、さらにお尋<sup>たず</sup>ねいたしますが……

④ 重ねて恐縮<sup>きょうしゅく</sup>ですが……

① and ② are typical patterns for broaching questions. Often 申し訳ありませんが or すみませんが are used before these expressions to make them sound softer. ③ and ④ are used when asking further questions; of these two, ④ is the more polite.

- 質問があります。さきほどのご説明では今年の経済動向は……。

  **I have a question.** According to the explanation you gave a moment ago, this year's economic trends are...

- 重ねて恐縮ですが、さきほどの件についてもう一度お尋ねいたします。

  **I'm sorry to bother you again,** but I would like to ask again about the matter that was just mentioned.

## VOCABULARY

| | | |
|---|---|---|
| さきほど | | a moment ago, recently |
| 経済動向 | けいざいどうこう | economic trends |

---

### 4—Questions: Confirmation 「質問」－確認

① ~と考えてよろしいでしょうか

② ~ということでいかがでしょうか

③ ~と思いますが、どう／いかがでしょうか

④ ~ということで／これでよろしゅうございますか

① through ③ are used to show your thinking or understanding about a matter and to ask the other person to confirm that you are correct. ④ is a more polite version of よろしいでしょうか; it is often used when confirming information from a superior.

## EXAMPLE DIALOGUES

| | |
|---|---|
| 運転手 | 明日のお迎えは午前7時ということでよろしゅうございますか。 |
| 社長 | 明日は得意先に直行したいから、8時半にしてくれないか。 |

| | |
|---|---|
| Driver | I will pick you up tomorrow morning at seven. **Is that acceptable?** |
| President | I'll be going straight to a customer tomorrow, so could you come at eight-thirty? |

| | |
|---|---|
| 部長 | このテレビコマーシャルについて何か意見があるかね。 |
| 課長 | はい、部長、私の考えとしては、もう少し若者向けに動きの速いものにしたらと思いますが、いかがでしょうか。 |

| Manager | Do you have anything to say about this television commercial? |
|---|---|
| Section Chief | Yes. I'm thinking that maybe it should have a slightly faster pace in order to appeal to young people. How do you feel about that? |

## VOCABULARY

| 迎え | むかえ | picking up |
|---|---|---|
| 直行（する） | ちょっこう | go straight |
| 若者 | わかもの | young people, younger generation |
| ～向け | ～むけ | for ~ |

## PRACTICE

I. The general manager of the Machinery Department at Showa Manufacturing makes a request for personnel. Complete the following dialogue using patterns given in this lesson.

昭和工業の人事課長は、機械部の山本部長からこんどの新規事業に経理マン、エンジニアを含めて、5名出すように求められた。

人事課長　＿＿＿＿＿＿＿＿＿＿。（「質問」－切り出し）(Broaching Questions)

ここ数年間、新卒を採用していませんから、それだけの人材を集めるのは、かなり時間がかかると思いますが、

この点＿＿＿＿＿＿＿＿＿＿。（「意見を聞く」－引き出し）(Drawing Out Another Person's Opinion)

山本部長　タイミングが大切ですから、早ければ早いほどいいと思いますが。

人事課長　＿＿＿＿＿＿＿＿＿＿、（「質問」－切り出し）(Broaching Questions)

特に経理マンを社内で見つけるのは容易ではありません。最悪の場合、外部からリクルートする必要があるかもしれませんが、

＿＿＿＿＿＿＿＿＿＿。（「意見を聞く」－引き出し）(Drawing Out Another Person's Opinion)

山本部長　それも、やむを得ないと思います。

人事課長　＿＿＿＿＿＿＿＿＿＿、（「質問」－切り出し）(Broaching Questions)

エンジニアの場合についても同じだ＿＿＿＿＿＿＿＿＿＿。（「質問」－確認）(Questions: Confirmation)

山本部長　いえ、エンジニアの場合はノウハウの問題がありますから、なんとか社内で適材を探してもらいたいと思いますが。

人事課長　はい、わかりました。

## VOCABULARY

| | | |
|---|---|---|
| 昭和工業 | しょうわこうぎょう | Showa Manufacturing |
| 人事課長 | じんじかちょう | chief of personnel section |
| 機械（部） | きかいぶ | Machinery Department |
| 新規事業 | しんきじぎょう | new business/project |
| 経理マン | けいりマン | staff member of accounting department, comptroller |
| 数年間 | すうねんかん | a few years |
| 新卒 | しんそつ | new graduates |
| 採用（する） | さいよう | employ |
| 人材 | じんざい | human resources |
| 集める | あつめる | recruit, select |
| 特に | とくに | specifically |
| 社内 | しゃない | in the company |
| 容易 | ようい | easy |
| 最悪 | さいあく | worst |
| 外部 | がいぶ | outside |
| やむを得ない | やむをえない | unavoidable |
| ノウハウ | | know-how |
| 適材 | てきざい | the right person for the job |

**II.** The sales director at Taisho Machinery asks a subordinate what he thinks about the distribution of a new product. Complete the following dialogue using patterns given in this lesson.

大正機械の販売担当取締役のスミスさんは、新製品をどのようなルートで販売したらよいかについて、部下の林さんに意見を聞く。

スミス　（「意見を聞く」－切り出し）(Asking for Opinions: Openings)

林　　現在、代理店の山本商事が当社の主力製品を扱っているので、新製品も同じルートで販売したらどうかと考えている。
（「質問」－確認）(Questions: Confirmation)

スミス　こんどの新製品は特殊なものだから別の代理店を使ったほうがいいかもしれないと思っている。

林　　　　山本商事は技術的にも実績があるので、別の代理店を使う理由が
　　　　　ない。
　　　　　（「質問」−確認）(Questions: Confirmation)

スミス　こんどの新製品の販売については、特別の技術サービスが必要であ
　　　　　り、山本商事に適切な技術的バックアップをすることができるか、
　　　　　ちょっと不安がある。

林　　　　早速、山本商事の技術力をよく調べてみる。
　　　　　（「質問」−確認）(Questions: Confirmation)

スミス　ほかにどんな代理店があるか、調査機関を使って調べたほうがいい。
　　　　　（「質問」−確認）(Questions: Confirmation)

林　　　　同感だ。

スミス　明治リサーチに調査させ、レポートはできるだけ今月中に出させる。
　　　　　（「指示」−動作・行為）(Giving Instructions: Actions and Behavior)

林　　　　了承した。

## VOCABULARY

| 大正機械 | たいしょうきかい | Taisho Machinery |
|---|---|---|
| 販売担当取締役 | はんばいたんとうとりしまりやく | director for marketing |
| 新製品 | しんせいひん | new product |
| 現在 | げんざい | present |
| 主力製品 | しゅりょくせいひん | main product |
| 扱う | あつかう | handle |
| 特殊な | とくしゅな | special |
| 技術的 | ぎじゅつてき | technical |
| 実績 | じっせき | actual results |
| 理由 | りゆう | reason |
| 適切（な） | てきせつ | appropriate, suitable |
| 調査機関 | ちょうさきかん | research organization |

# I.

| | |
|---|---|
| 人事課長 | <u>ひとつお聞きしてもよろしいですか</u>。ここ数年間、新卒を採用していませんから、それだけの人材を集めるのは、かなり時間がかかると思いますが、この点についてはどうお考えでしょうか。 |
| 山本部長 | タイミングが大切ですから、早ければ早いほどいいと思いますが。 |
| 人事課長 | <u>さらにお尋ねいたしますが</u>、特に経理マンを社内で見つけるのは容易ではありません。最悪の場合、外部からリクルートする必要があるかもしれませんが、<u>その辺はいかがでしょうか</u>。 |
| 山本部長 | それも、やむを得ないと思います。 |
| 人事課長 | <u>重ねて恐縮</u>ですが、エンジニアの場合についても、同じだと<u>考えてよろしいでしょうか</u>。 |
| 山本部長 | いえ、エンジニアの場合はノウハウの問題がありますから、なんとか社内で適材を探してもらいたいと思いますが。 |
| 人事課長 | はい、わかりました。 |

# II.

| | |
|---|---|
| スミス | 林さん、早速ですが、新製品の販売ルートの件で、いろいろ<u>意見を聞きたいと思って</u>……。 |
| 林 | はあ、現在、代理店の山本商事が当社の主力製品を扱っていますが、新製品も、そのルートで販売する<u>ということでいかがでしょうか</u>。 |
| スミス | そうですか。こんどの新製品は特殊なものですから、別の代理店を使ったほうがいいかもしれないと考えているんですがね。 |
| 林 | 山本商事は技術的にも実績がありますので、別の代理店を使う理由がない<u>と思いますが、どうでしょうか</u>。 |
| スミス | じつはこんどの新製品については、特別な技術サービスが必要なんですよ。山本商事が適切な技術的バックアップをすることができるかどうか、ちょっと不安なんです。 |
| 林 | 早速、山本商事の技術力を調べてみよう<u>と思いますが、いかがでしょうか</u>。 |
| スミス | それから、ほかに技術力のある代理店があるかどうか、調査機関を使って調べたほうがいい<u>と思いますが、どうでしょうか</u>。 |
| 林 | 全く同感です。 |
| スミス | それでは、明治リサーチに調査させて、レポートはできるだけ今月中に出させ<u>てください</u>。 |
| 林 | はい、承知しました。 |

# Lesson **5**

# Review Lesson 1

## 総合練習―1

## PRACTICE

**I.** Using patterns given in previous lessons, write appropriate dialogues for the following two cases.

**CASE 1**

部下の太田さんに次のような指示を与える。

1　大阪支店に出張するように指示する。
（「指示」－切り出し）　＋　（「指示」－動作・行為）slightly commanding tone
(Giving Instructions: Openings) + (Giving Instructions: Actions and Behavior)

2　今日残業するように指示する。
（「指示」－切り出し）　＋　（「指示」－動作・行為）softer tone
(Giving Instructions: Openings) + (Giving Instructions: Actions and Behavior)

3　平成コンピュータとの交渉にあたっては、特に会社の基本方針から外れないように注意する。
（「指示」－注意・禁止）
(Giving Instructions: Warnings and Prohibitions)

**CASE 2**

販売会議で販売部長と代理店が意見を交換する。

1　販売部長が、来期の広告プランについて代理店に意見を聞く。

　　a.（「意見を聞く」－切り出し）
　　(Asking for Opinions: Openings)

　　b.（「意見を聞く」－切り出し）to ask a frank opinion
　　(Asking for Opinions: Openings)

2　昭和代理店が広告期間について質問する。
（「質問」－切り出し）＋（「意見を聞く」－引き出し）
(Questions: Broaching Questions) + (Asking for Opinions: Drawing Out Another Person's Opinion)

3　販売部長が昭和代理店の質問に答える前に、質問の内容を新商品の広告期間かどうか確かめる。
（「質問」－確認）(Questions: Confirmation)

| | | |
|---|---|---|
| 残業（する） | ざんぎょう | work overtime |
| 交渉 | こうしょう | negotiation |
| 基本方針 | きほんほうしん | basic policy |
| 外れる | はずれる | deviate |
| 広告 | こうこく | advertisement |

**II.** The senior managing director of Heisei Trading Company directs his general managers to ensure that all staff are fully aware of company ethics. Using patterns given in previous lessons, rewrite the following dialogue.

平成商事では企業倫理規定の内容を全社員に徹底するために、専務が関係部長を集めて指示を与えた。

専務　　最近、政治汚職が頻発しているので、倫理規定をもう一度、社内に徹底させること。
（「指示」－動作・行為）(Giving Instructions: Actions and Behavior)

まず人事部はその規定の内容を書面で全社員に配布すること。
（「指示」－動作・行為）(Giving Instructions: Actions and Behavior) slightly commanding tone

人事部長　（「指示」－確認・了承）
直ちに配布する。(Giving Instructions: Confirmation and Acknowledgment)

専務　　広報部は外部関係機関に当社の姿勢を説明すること。
（「指示」－動作・行為）(Giving Instructions: Actions and Behavior) softer tone

広報部長　（「指示」－確認・了承）(Giving Instructions: Confirmation and acknowledgment) more formal

「関係機関」は前回説明したところと同じ範囲でよいかを質問。
（「質問」－切り出し）　　＋　　（「質問」－確認）
(Questions: Broaching Questions) + (Questions: Confirmation)

専務　　同意。代理店には各支店長から説明させること。
（「指示」－動作・行為）(Giving Instructions: Actions and Behavior) slightly commanding tone

営業部長　了承。実行する。
（「指示」－確認・了承）(Giving Instructions: Confirmation and Acknowledgment)

支店長が代理店に説明する時期について質問。
（「意見を聞く」－引き出し）(Questions: Broaching Questions)

専務 　早ければ早いほどよい。遅くとも来週末までに終わらせること。
　　　（「指示」－動作・行為）(Giving Instructions: Actions and Behavior) slightly commanding tone

　　　何か問題があったら、自分か法務部に連絡するように指示。
　　　（「指示」－動作・行為）(Giving Instructions: Actions and Behavior)

　　　質問があるかどうか確かめたうえで、指示のまとめ。
　　　（「指示」－まとめ）(Giving Instructions: Summing Up)

## VOCABULARY

| 企業 | きぎょう | enterprise, company |
|---|---|---|
| 倫理規定 | りんりきてい | rule of ethics |
| 徹底（する） | てってい | be thorough, be well known |
| 政治汚職 | せいじおしょく | political scandal |
| 頻発（する） | ひんぱつ | occur frequently |
| 配布（する） | はいふ | distribute |
| 直ちに | ただちに | immediately |
| 広報部 | こうほうぶ | Public Relations Department |
| 関係機関 | かんけいきかん | related organizations |
| 姿勢 | しせい | position, attitude |
| 範囲 | はんい | extent, range |
| 同意（する） | どうい | agree |
| 遅くとも | おそくとも | at the latest |
| 法務部 | ほうむぶ | Legal Department |

**III.** The general manager calls a section chief meeting to explain basic policy in the Sales Department and give out directives based on that policy. Using patterns given in previous lessons, rewrite the following dialogue.

　　　部長は来月の販売方針について部内の意思統一を図るため課長会議を開いた。
　　　まず、基本方針を説明して、その方針に基づく活動を指示した。

部長 　来月も基本方針として今月の価格レベルを据え置く。

課長 　同じ価格を維持すると販売数量が減ることを心配して質問。

部長 　ある程度（5%ぐらい）の販売数量の減少は覚悟しているが、価格維持を最優先と考えている。

課長 　大幅な販売数量の減少が起こりそうな場合の処置について再度質問。

| 部長 | 販売数量に大幅な変化が予想される場合は、他社の動きと各自の分析を含め直ちに報告すること。 |
|---|---|
| 課長 | 了解。部長の指示に従って全力を尽くす。 |
| 部長 | 日頃の営業努力を生かして頑張るように指示。 |
| | 次回の会議を再来週の金曜日に予定。その時点で中旬以降の方針を決定。 |

## VOCABULARY

| 販売方針 | はんばいほうしん | sales policy |
|---|---|---|
| 意思統一 | いしとういつ | consensus |
| 図る | はかる | plan |
| 活動 | かつどう | activity |
| 価格 | かかく | price |
| 据え置く | すえおく | leave as it is |
| 維持（する） | いじ | maintain |
| 程度 | ていど | degree |
| 減少（する） | げんしょう | decrease |
| 覚悟（する） | かくご | be ready (prepared for) |
| 最優先 | さいゆうせん | first priority |
| 大幅（な） | おおはば | big, wide |
| 処置 | しょち | action |
| 再度 | さいど | again |
| 各自 | かくじ | each of you |
| 分析 | ぶんせき | analysis |
| 含める | ふくめる | include |
| 従う | したがう | follow |
| 全力を尽くす | ぜんりょくをつくす | do one's best |
| 日頃の | ひごろの | usual |
| 営業努力 | えいぎょうどりょく | business efforts |
| 生かす | いかす | make use of |
| 中旬 | ちゅうじゅん | middle of the month |

# I.

## CASE 1

1 太田さん、ちょっと<u>話があるんですが</u>……。明日、大阪支店に出張し<u>てください</u>。

2 太田さん、ちょっと<u>悪いけ(れ)ど</u>、今日残業し<u>てくれませんか</u>。

3 太田さん、平成コンピュータとの交渉にあたっては、ぜひ当社の基本方針から外<u>れないようにしてください</u>。

## CASE 2

1

    a. 今日は来期の広告プランについて、代理店の皆さんからいろいろ<u>ご意見をお聞かせいただきたいと思っています</u>。

    b. 今日は来期の広告プランについて、代理店の皆さんの<u>率直なご意見をお聞かせいただきたいと思います</u>。

2 <u>ひとつお聞きしてもよろしいですか</u>。(部長：はい、どうぞ) 広告の期間について、部長の<u>お考えをお聞かせいただければありがたいと思います</u>。

3 昭和代理店さんのご質問は新商品の広告期間<u>と考えてよろしいでしょうか</u>。

# II.

| | |
|---|---|
| **専務** | 最近、政治汚職が頻発していますので、倫理規定をもう一度社内に徹底さ<u>せてもらいたいと思います</u>。まず、人事部はその内容を全社員に書面で配布し<u>てください</u>。 |
| **人事部長** | はい、わかりました。直ちに配布します。 |
| **専務** | 広報部は外部の関係機関に当社の姿勢を説明し<u>てくれませんか</u>。 |
| **広報部長** | <u>はい、承知しました。ところでひとつお聞きしてもよろしいでしょうか</u>。 |
| **専務** | はい、どうぞ。 |
| **広報部長** | 今、専務がおっしゃった「関係機関」とは、前回、説明したところと同じ範囲<u>と考えてよろしいでしょうか</u>。 |
| **専務** | ああ、いいでしょう。<br>代理店については各支店長から説明さ<u>せてください</u>。 |

| | |
|---|---|
| 営業部長 | <u>わかりました</u>。すぐ実行いたします。<br>ところで、説明の時期についてはどうお考えでしょうか。 |
| 専務 | もちろん、早ければ早いほどいいですが、遅くとも来週末までには終わらせてほしいですね。<br>もし、何か問題があったら私か法務部に<u>連絡してくれませんか</u>。<br>何か質問はありませんか……。じゃ、<u>よろしく頼みますよ</u>。 |

## III.

| | |
|---|---|
| 部長 | 今日、皆さんに集まってもらったのは、来月の販売方針について部内の意思統一を図るためです。特に販売価格についてですが、来月も今月の価格を<u>据え置いてもらいたいと思います</u>。 |
| 課長 | 部長、<u>ひとつお聞きしてもよろしいですか</u>。 |
| 部長 | はい、どうぞ。 |
| 課長 | あのう、同じ価格を維持するということは、販売数量に大きな影響があると思いますが、その点<u>についてはどうお考えですか</u>。 |
| 部長 | そうですね。ある程度減少はあっても、5%ぐらいまでなら、価格維持を優先したいと考えています。 |
| 課長 | わかりました。<u>重ねて恐縮ですが</u>、大幅な数量減が起こりそうな場合に<u>ついて、お聞かせいただければ</u>……。 |
| 部長 | 前月に比べて大幅な販売数量の減少が予想されたら、直ちに<u>報告してくれませんか</u>。そして、その報告には他社の動きと、それぞれ皆さんの分析も<u>含めてください</u>。 |
| 課長 | <u>わかりました</u>。難しいと思いますが、とにかく全力でやってみます。 |
| 部長 | そうですね。<u>よろしくお願いします</u>。ぜひ、日頃の営業努力を生かして頑張って<u>ください</u>。再来週の金曜日にまた集まって、その時点で、中旬以降の方針を決めましょう。 |

# Lesson **6**

第6課

# Expressing an Opinion
## 意見を述べる

Corporate Acquisition of JALTA, Inc.

ジャルタ社買収

常務　うん、その点、私も財務担当常務と十分検討しました。ただし、私の考えとしては、*1確かに、当社の財務状態が現在、あまり楽でないことは承知しています。ただし、私の考えとしては、この円高のチャンスを逃してはならないと思います。*2

小林部長　ああそうですか。でも、あえて言わせていただけば、*5現在の状況からいくと、円高がさらに進行するということにもなりかねません。*8ですから、この買収はあまり急ぐべきではないと思います。*3

常務　なるほど。しかし、日本の経済活動やその他の要素を考慮すれば、円高がこれ以上進むとは、ちょっと考えにくいと思うんですがね。*2そこで、タイミングとしては今がいちばんいいと判断しているわけです。

小林部長　はあ。

渡辺部長　どうでしょうか。とにかく、これはけっして安い買い物ではありません。為替の動向は、なかなか予測が難しい。したがって、さきほど、私が申し上げましたようにマリーリサーチのレポートを早急に取り寄せて、十分検討したうえで判断をするということにしたらいかがでしょうか。*7

常務　そうですね。よくわかりました。コンサルティング会社のレポートを見て、もう一度、お二人の意見を聞いたうえで決定したいと思います。今日はどうもありがとうございました。

両部長　どうも。

電子業界の中堅会社である平成電子は、かねてからソフト部門を強化して、一段の飛躍をしようと考えている。そこで、企画担当常務はシリコンバレーのジャルタ社を買収することで、一段の飛躍を図るため、ソフトの開発部門をぜひ強化したいと考えている。そこで、常務は今日、渡辺、小林両部長に意見を聞くことにした。

常務　　じつは当社は以前から、一段の飛躍を図るため、ソフトの開発部門をぜひ強化したいと考えております。

両部長　はい。

常務　　したがって、これを実現するには、かねがね目をつけていたシリコンバレーのジャルタ社を買収したい、と考えているんですよ。ご存じのとおり、特に最近円高が進行していますし、これを実現するにはいいタイミングだと思うんですがね。[2]

両部長　はあ……。

常務　　そこで、そのことについて意見を聞かせてもらいたいと思って、来ていただいたわけです。どうでしょう、このことについてはどう考えますか。

渡辺部長　ええ、私の考えを言わせていただければ常務のお考えに基本的に賛成です。[6] ジャルタ社をお選びになったということも、的確なご選択です。また現在、円高で買収にはいいタイミングじゃないでしょうか。[4] しかし、さらに慎重を期すために、前に使ったアメリカのコンサルティング会社のマリーリサーチに調査させてみたらどうかと思いますが、いかがでしょうか。[7]

常務　　ああ、たいへんいい意見だと思います。[2] 小林部長、どう思いますか。

小林部長　そうですね、異を唱えるようで申し訳ありませんが巨額の資金を要する買収のことですから、慎重におこなうべきだと思いますが……。[3]

Heisei Industries, a company of middle standing in the electronics industry, has been planning for some time to expand its business further by strengthening its software operations. In that regard, the managing director in charge of planning is considering putting this plan into action with the acquisition of JALTA, Inc., a firm in Silicon Valley. Today the managing director has decided to ask two of his general managers, Watanabe and Kobayashi, for their opinions.

| | |
|---|---|
| Managing Director | Well, for some time now our company has been planning to strengthen software development operations so that we can expand our business further. |
| Both managers | That's right. |
| Managing Director | Therefore, to achieve that, we are thinking of buying JALTA, Inc., in Silicon Valley, which we've had our eye on for some time. As you know, the value of the yen has appreciated recently, so I think the timing is right for implementing that plan. |
| Both managers | Oh. |
| Managing Director | Now, I have asked you to come here so that I can listen to what you have to say about this. How about it? What do you think of my idea? |
| Watanabe | **Well, speaking frankly, I basically agree** with your idea. And JALTA, Inc. is a good choice, too. **I also think** that the strong yen makes this a good time for the acquisition. But to make sure, **I wonder if we** shouldn't ask Murray Research, the American consulting company that we've used before, to do a survey for us. **How would that be?** |
| Managing Director | Yes, **I think** that's an excellent idea. What do you think about the acquisition, Kobayashi? |
| Kobayashi | Well, **I apologize for appearing to disagree**, but since this takeover would require massive investment, **I think we should** proceed with extreme caution. |
| Managing Director | I have examined that point thoroughly with the senior executive vice-president in charge of finance. And in fact, I have to admit that our financial situation is not very comfortable at present. However, **in my opinion, I don't think we should** miss the opportunity offered by a strong yen. |
| Kobayashi | Oh, really? Well, **if I may dare to say more**, based on the current situation, **it is not impossible that** the value of the yen will increase even further. **So I don't think that we should rush** this acquisition. |
| Managing Director | I see. But, if we consider Japan's economic activities with other factors, **I think** it's a bit hard to imagine that the yen will increase much more. That's why, in my judgment, the best time is now. |
| Kobayashi | Oh. |
| Watanabe | So what shall we do? In any case, this is by no means a cheap purchase. It's rather difficult to forecast exchange rate fluctuations. Therefore, as I suggested a moment ago, **I wonder if** we shouldn't get Murray Research's report promptly and study it thoroughly before making any decisions. |
| Managing Director | That's a good idea. I understand very well. I will look at the consulting company's report and ask you both for your opinions again before making my mind up. Thank you very much for coming today. |
| Both managers | Thank you. |

# VOCABULARY

| | | |
|---|---|---|
| 述べる | のべる | express, tell |
| 電子産業 | でんしさんぎょう | electronics industry |
| 中堅会社 | ちゅうけんがいしゃ | company of middle standing |
| かねてから | | for some time |
| ソフト部門 | ソフトぶもん | software operations |
| 強化（する） | きょうか | strengthen |
| 一段の | いちだんの | further, more |
| 飛躍（する） | ひやく | jump, make rapid progress |
| 企画（する） | きかく | project, plan |
| シリコンバレー | | Silicon Valley |
| 買収（する） | ばいしゅう | purchase, take over |
| 両 | りょう | both |
| 実現（する） | じつげん | realize, bring about, implement, put into effect |
| かねがね | | for some time |
| 目をつける | めをつける | pay special attention, have one's eye on |
| 開発部門 | かいはつぶもん | development operations / department |
| 進行（する） | しんこう | proceed, advance |
| 賛成（する） | さんせい | agree with |
| 的確（な） | てきかく | good, appropriate |
| 選択 | せんたく | selection |
| 慎重を期す | しんちょうをきす | make sure |
| 異を唱える | いをとなえる | make an objection, disagree |
| 巨額 | きょがく | enormous sum (of money) |
| 資金 | しきん | funds, investment |
| 楽でない | らくでない | not easy / comfortable |
| 逃す | のがす | miss |
| あえて | | dare to |
| 状況 | じょうきょう | condition |
| 経済活動 | けいざいかつどう | economic activities |
| 要素 | ようそ | factor |
| 考慮（する） | こうりょ | consider |
| 判断（する） | はんだん | judge |
| 為替の動向 | かわせのどうこう | exchange rate fluctuation(s) |
| 予測（する） | よそく | estimate, forecast |
| 早急に | そうきゅうに | quickly |
| 取り寄せる | とりよせる | obtain |
| 検討（する） | けんとう | study |

## 1—Openings 「意見を述べる」－切り出し

① 私の考えを言わせていただければ

② 私（の考え）としては

③ （ご）異論があるかもしれませんが

① indicates more hesitation or reserve than ②, though ① can also be used to bring up a subject by stating an opinion boldly and directly. ③ is used to express an opinion when anticipating a counterargument or a different opinion.

## 2—Making an Assertion 「意見を述べる」－主張

① 〜と思います／と思うんですが（ね）

② 〜かと思います

③ 〜てはならないと思います

① is the most common pattern for expressing an opinion. ② is used to make a slightly weaker assertion. ③ shows that the speaker is asserting an opposing opinion. If 思います is replaced with 思われます in any of these three patterns, the speaker gives the strong impression that he is taking a more objective viewpoint.

## 3—Making a Strong Assertion 「意見を述べる」－積極的主張

① 〜す（る）べきだと思います

② 〜す（る）べきではないと思います

The word べき indicates strongly that the speaker believes that the preceding statement "should" or "must be" carried out.

## 4—Making a Weak Assertion 「意見を述べる」－軟主張

① では／じゃないでしょうか

② では／じゃないかと思われます／考えます（が……）

③ か／ば／たらと思われますが／考えます（が……）

④ おそらく〜だろうと思います（が……）

① and ② are used when summarizing an opinion modestly or indirectly. ③ is used in negotiations, meetings, etc., to suggest that an opinion may be correct under certain conditions. ④ indicates that the speaker believes something is probably true.

## EXAMPLES

■ 投資の時機としては少し早いん<u>じゃないかと思われます</u>（が……）。

The timing for that investment **might** just **be** a bit early.

■ ジャルタ社との提携が無事にできたら成功は間違いない<u>と思われますが</u>。

If our cooperation with JALTA, Inc. proceeds without mishap, then we should **be certain of** success.

■ せめて、もう少し利益率を上げることができれば<u>と考えますが</u>。

At least **we should** boost our profit ratio a little more.

■ 競争会社は、<u>おそらく</u>徹底的販売攻勢を仕掛けてくる<u>だろうと思います</u>。

Our competitors **are likely to** launch a drastic marketing offensive.

## VOCABULARY

| 投資 | とうし | investment |
|------|--------|------------|
| 時機 | じき | timing |
| 提携 | ていけい | cooperation |
| 無事に | ぶじに | without mishap |
| せめて | | at least |
| 利益率 | りえきりつ | profit ratio |
| 競争会社 | きょうそうがいしゃ | competitor, rival company |
| 徹底的 | てっていてき | drastic, radical |
| 攻勢 | こうせい | attack, offensive |
| 仕掛ける | しかける | start, set about, launch |

## 5—Making an Objection 「意見を述べる」−反論の切り出し

① 異を唱えるようで申し訳ありませんが

② あえて言わせていただけば

③ お言葉を返すようですが………

① is used to disagree with either a superior's opinion or with the general consensus. ② is used to express an alternative opinion clearly. Both ① and ② can be replaced with ③. To make a stronger objection, it is also possible to use both ① and ② or both ③ and ②.

| | |
|---|---|
| 部長 | 来年度投資計画の中で、新規計画はもっと引<sup>ひ</sup>き締<sup>し</sup>めるべきだよ。 |
| 課長 | 部長、<u>お言葉を返すようですが（あえて言わせていただけば）</u>、こんな時期にこそ、将来に向かって新規投資を思いきってするべきだと思いますが。 |

| | |
|---|---|
| General Manager | We should reduce the allocations for new projects in our investment plan for the next fiscal year. |
| Section Chief | **If I may go so far as to disagree with you,** I think that now is the time when we especially need to make bold new investments for the future. |

### VOCABULARY

| | | |
|---|---|---|
| 投資計画 | とうしけいかく | investment plan |
| 引き締める | ひきしめる | tighten, reduce |
| 時期 | じき | time, chance |
| 将来 | しょうらい | future |

## 6—Agreeing and Disagreeing 「意見を述べる」－賛成／異議

① <u>基本的に（は）賛成です</u>

② まったく賛成です（全面的に賛成です）

③ ～に（は）異議があります／～に（は）反対です

① and ② can both indicate agreement. The use of は in ① suggests that the speaker still has some reservations and does not agree completely. ③ indicates opposition to another person's opinion or proposal.

### EXAMPLE

■ せっかくのお申し出ですが、その提案には<u>反対です</u>／<u>異議があります</u>。
Despite your kind suggestion, **I am opposed** to your proposal.

### VOCABULARY

| | | |
|---|---|---|
| 提案 | ていあん | proposal |

## 7—Making a Proposal 「意見を述べる」－提案

① <u>～（ということにしたら／と思いますが）、いかがでしょうか</u>

② 　～の方向で臨みたいと思いますが……

③ 　～こういうのはどうでしょう

These patterns are used to make assertions or proposals softly or indirectly. ① and ② can also be used to sum up or conclude an argument or discussion, and ③ can be used when making a suggestion.

## EXAMPLES

- 経済状況もあまり芳しくありませんし、この際、撤退の方向で臨みたいと思いますが。

  The economic situation is not very favorable, **so I suggest that we move in the direction of** withdrawing (from this project) at this time.

- A案とB案を折衷する、こういうのはどうでしょう。

  **How would it be if** we make a compromise between Proposal A and Proposal B?

- 前にも一度申し上げましたが、こういうのはどうでしょう。

  **Suppose we do this,** as I suggested once before?

## VOCABULARY

| 芳しい | かんばしい | favorable |
|---|---|---|
| この際 | このさい | at this time |
| 撤退 | てったい | withdrawal |
| 方向 | ほうこう | direction |
| 臨む | のぞむ | to face |
| 折衷（する） | せっちゅう | compromise |

## 8—Showing Fear or Worry 「意見を述べる」– 懸念

① 　～ということに（も）なりかねません

② 　～するおそれがあります

③ 　～じゃないかと懸念されますが……

These patterns are often used to show the speaker's concern about a situation that is likely to arise in the future.

## EXAMPLES

- このままでは完全に失敗するおそれがあります。

  If we go on like this, **there is a danger** that we might fail completely.

■今期も大幅な赤字<ruby>大幅<rt>おおはば</rt></ruby>じゃないかと<ruby>懸念<rt>けねん</rt></ruby>されますが。

**There is concern that** we will suffer a major loss again in the current fiscal period.

## VOCABULARY

| | | |
|---|---|---|
| 懸念（する） | けねん | fear, concern, worry |
| 失敗（する） | しっぱい | fail |
| 赤字 | あかじ | a loss |

---

**9**—Making a Prediction　「意見を述べる」− 予測

① 〜と見ております

② 予想されます／されています

## EXAMPLES

■来年度の景気は年度後半から回復するとみております。

**I expect that** the economic situation will recover beginning in the second half of the next fiscal year.

■ジャルタ社の買収については激しい競争が予想されます。

**I anticipate** fierce competition in the takeover of JALTA, Inc.

## VOCABULARY

| | | |
|---|---|---|
| 景気 | けいき | economic/business situation |
| 回復（する） | かいふく | recover |

**I.** Complete the following dialogues using patterns given in this lesson.

*Ex.* 部長　スミスさん、この問題についてどう思いますか。

スミス　［一日も早く解決しなければならない。］

    a.（「意見を述べる」−切り出し）　+　（「意見を述べる」−主張）
           （Openings）　　　　　　　　+　（Making an Assertion）

    b.（「意見を述べる」−切り出し）　+　（「意見を述べる」−積極的主張）
           （Openings）　　　　　　　　+　（Making a Strong Assertion）

*Ex. A*

    a. <u>私の考えとしては</u>、この問題は一日も早く解決しなければならない<u>と思います</u>。

    b. <u>私の考えを言わせていただければ</u>、この問題は一日も早く解決<u>すべきだと思います</u>。

1　部長　スミスさん、この計画について、どう考えますか。

スミス　［今年中に実現させたい。］

    a.（「意見を述べる」−切り出し）　+　（「意見を述べる」−積極的主張）
           （Openings）　　　　　　　　+　（Making a Strong Assertion）

    b.（「意見を述べる」−切り出し）　+　（「意見を述べる」−主張）
           （Openings）　　　　　　　　+　（Making an Assertion）

    c.（「意見を述べる」−切り出し）　+　（「意見を述べる」−軟主張）
           （Openings）　　　　　　　　+　（Making a Weak Assertion）

2　部長　残念ながら、この商品の製造は今年いっぱいで打ち切ろうと思うんだがね。

スミス　［打ち切らないほうがいい。いままでの努力が無駄になってしまう。］

    a.（「意見を述べる」−反論の切り出し）　+　（「意見を述べる」−積極的主張）
           （Making an Objection）　+　（Making a Strong Assertion）

    b.（「意見を述べる」−反論の切り出し）　+　（「意見を述べる」−主張）
           （Making an Objection）　+　（Making an Assertion）

    c.（「意見を述べる」−反論の切り出し）　+　（「意見を述べる」−軟主張）
           （Making an Objection）　+　（Making a Weak Assertion）

    d.（「意見を述べる」−軟主張）　+　（「意見を述べる」−懸念）
           （Making a Weak Assertion）　+　（Showing Fear or Worry）

3　部長　　この商品のテストマーケティングは、名古屋で9月から3ヵ月という予定なんだが。君の意見はどう？

　　スミス　［基本的には賛成だが、期間は3ヵ月では不十分。5ヵ月は必要。］

　　　　a.（「意見を述べる」－賛成）　＋　（「意見を述べる」－提案）
　　　　　　　　（Agreeing）　＋　（Making a Proposal）

　　　　b.（「意見を述べる」－切り出し）　＋　（「意見を述べる」－賛成）
　　　　　＋　（「意見を述べる」－懸念）　＋　（「意見を述べる」－軟主張）
　　　　　　　　　（Openings）　　　　＋　（Agreeing）
　　　　　＋（Showing Fear or Worry）　＋　（Making a Weak Assertion）

## VOCABULARY

| 解決（する） | かいけつ | solve |
|---|---|---|
| 製造（する） | せいぞう | manufacture |
| 打ち切る | うちきる | stop |
| 無駄 | むだ | waste |

**II.** The general manager calls over two of his section chiefs, Asakawa and Oizumi, to discuss the sales campaign for the next fiscal period. Using the patterns given in this lesson, rewrite the following dialogues so that they will be appropriate for the situation.

　来年度の販売を増加させるため、アザブ広告社にセールスキャンペーンの計画を依頼してあった。今日はその資料に基づいて部内課長会議でそれを検討する。

**CASE 1**

浅川課長　積極的で、販売増進に効果的。
　　　　　よいプランである。

大泉課長　浅川課長の意見に異議を述べる。

　　　　　積極的であるが、総花的で重点がはっきりしていない。

浅川課長　重点ははっきりしている。

　　　　　特に対象を若い層にしぼったのはよい。

大泉課長　対象を若い層に向けたことについては賛成。しかし、キャンペーンと同時にする宣伝活動の内容がはっきりしないと反論。

## VOCABULARY

| | | |
|---|---|---|
| 来年度 | らいねんど | next fiscal year/period |
| 検討（する） | けんとう | examine, investigate |
| 増進（する） | ぞうしん | promote |
| 効果的 | こうかてき | effective |
| 異議 | いぎ | objection |
| 総花的 | そうばなてき | pleasing to everybody |
| 重点 | じゅうてん | important point |
| 層 | そう | group |
| 対象 | たいしょう | target, object |
| 反論（する） | はんろん | refute |
| しぼる | | narrow down |
| 部分的 | ぶぶんてき | partially |
| 宣伝（する） | せんでん | advertise |

## CASE 2

部長　　宣伝は、テレビのコマーシャルをキャンペーンと同時にすることになっている。

大泉課長　ある程度の反論を予期しながら、販売目標を達成した場合の褒賞をもっと魅力的にする必要があると提案。

浅川課長　大泉課長の意見に賛成。自分の意見として、キャンペーンのとき渡すものをもっと若者向きにするほうがいいと提案。

部長　　二人の意見をよく検討することを約束する。

## VOCABULARY

| | | |
|---|---|---|
| 目標 | もくひょう | target, objective |
| 達成（する） | たっせい | accomplish |
| 褒賞 | ほうしょう | prize |
| 魅力的 | みりょくてき | attractive |

## I.

1

    a. <u>私の考えとしては</u>、この計画は今年中に（ぜひ）実現<u>すべきだと思います</u>。

    b. <u>私としては</u>、この計画は今年中に実現させたい<u>と思うんですが</u>。

    c. <u>私の考えを言わせていただければ</u>、この計画は今年中に実現させたほうがいいん<u>じゃないかと思われますが</u>……。

2

    a. <u>あえて言わせていただけば</u>、（絶対に）打ち切る<u>べきではないと思います</u>。いままでの努力が無駄になってしまいますから。

    b. <u>異を唱えるようで申し訳ありませんが</u>、これは打ち切っ<u>てはならないと思います</u>。いままでの努力が無駄になってしまいますから。

    c. <u>お言葉を返すようですが</u>……これは、打ち切らないほうがいいの<u>ではないかと考えますが</u>……いままでの努力が無駄になってしまいますので……。

    d. <u>おそらく</u>打ち切らないほうがいい<u>だろうと思います</u>。いままでの努力が無駄になるおそれがあります。

3

    a. <u>基本的には賛成ですが</u>、テスト期間を３ヵ月ではなく、５ヵ月<u>ということにしたらいかがでしょうか</u>。

    b. <u>私としては</u>、<u>基本的に賛成なのですが</u>、期間は３ヵ月では不十分<u>ではないかと懸念されます</u>。少なくとも５ヵ月は必要<u>ではないでしょうか</u>。

## II.

CASE 1

部長　　　早速ですが、今日、皆さんに集まってもらったのは、来年度の販売を増加させるためのセールスキャンペーンについて、皆さんの意見を聞くためです。アザブ広告社が作った資料はすでに渡してあるので、もう読んでいただいたと思います。この資料に基づいて率直に意見を言ってくれませんか。

浅川課長　はい、申し上げます。これは積極的で販売促進にたいへん効果的ないい計画<u>だと思います</u>。

大泉課長　そうですね。確かにこの案は積極的ですが、どうも総花的すぎて重点がはっきりしていないの<u>ではないかと思われますが</u>。

浅川課長　そうですか。私はそう思いませんよ。重点ははっきりしていますよ。特に対象を若い層にしぼったのは、たいへんよいと思いますがね。

大泉課長　ええ、確かにその点はそのとおりだと思いますが。（私としては）キャンペーンと同時にする宣伝活動がどうも（この計画では）はっきりしていないんじゃないかと考えますが。

CASE 2

部長　いま大泉課長からキャンペーンのとき、おこなう宣伝活動について指摘がありましたが、これについてはキャンペーンの開始と同時に、テレビコマーシャルの放送を始めることになっています。

大泉課長　ご異論があるかもしれませんが、販売目標を達成した場合には、そのとき与えられる褒賞は、率直に言って、もっと魅力的なものにする必要があるんじゃないかと思いますが。

浅川課長　私も大泉課長の意見に賛成です。そしてキャンペーンのとき、渡すものをもっと若者向きにするほうがよいと思います。

部長　どうもいろいろよい意見をたくさんありがとう。よく検討してみましょう。

# Lesson 7

# Confirmation

## 確認

**A Meeting About Juice Sales**

ジュース発売会議

木村課長　も大型新商品の発売を待っているところなんです。春の新商品として、ぜひとも大阪にも売らせていただきたいと思っているところなんですが。

木村課長　はい、わかりました。申し訳ございませんが、じつはちょっと生産が間に合わないもんですから……。とりあえず、東京だけでも先鞭をつけておきたいというところなんですが。

大阪支店長　要するに首都圏と東海地区優先ということですね[*3]。そうした戦略も結構だけれども、まるで、十二月二十六日にクリスマスケーキを売れ、というようなもんじゃありませんか。もう少し、販売に全力投球している我々の立場にもなってくださいよ。春が無理なら、せめて六月とか七月とか……。

木村課長　だいぶ手厳しいお言葉をちょうだいしまして……。ご理解いただけると思いますがこの商品はチルド[*5]で、卸店も従来のドライ商品とは違った系列を使うことになります。そこで、チルドの販売網が整備している名古屋で、まずやる。そして、業界によく売れるという評判が立った勢いを駆って東京に進出する、という筋書きなんですが、いかがでしょうか[*4]。

中村部長　いろいろご意見をいただきましたが、時間の関係もありますので今日はここで終わりたいと思います。いただいたご意見を踏まえてさらに検討したいと思いますので、もし何かお気付きの点がありましたら、私か、木村課長にご連絡いただきたいと存じます。今日はありがとうございました。

大正フードは新製品の天然果汁（かじゅう）を発売することになった。これに先立ち、社内のコンセンサスを得る（う）ために、中村部長は会議を招集した。

中村部長　早速お集まりいただいて、ありがとうございます。皆さん（みな）、すでにご承知のように新製品の市場調査（うかが）の結果も出ましたので、今日は発売の基本方針についてご説明して、いろいろとご意見を伺いた（うかが）いと思っております。早速、担当の木村課長から発売計画の概要（がいよう）についてご説明させていただきます。

木村課長　ただいまの部長からのお話のように、[*1] 一応、市場調査の結果も出ましたので、それを踏まえて次の[*1]ように考えています。

　まず、四月にチルドのルートが整備している名古屋でテストセールスをする。一ヵ月遅れて（おく）東京支店で発売する。その他の地域は九月発売です。価格や販売条件はお手元の資料のとおりです。[*2]

名古屋支店長　私ども名古屋支店からのスタートで、非常に責任も感じ、ありがたく思っております。幸いチルドでしたら、ここ数年来、地元の乳業会社を起用して、販売網（はんばいもう）を整備してきましたので、安心してスタートさせていただけると思っております。

大阪支店長（おおさか）　ちょっと質問してもいいですか。大阪（おおさか）としては異議があるんですが。

木村課長　はい、どうぞ。

大阪支店長（おおさか）　テストセールスといったって、ちょっとの間ですし、それに、ほかの地域が九月というのは、とても話にならないと思うんですよね。

木村課長　はあ……。

大阪支店長（おおさか）　商品の性格からいっても、ジュースの発売は春が常識ですし、[*2] 東京支店が五月なら、全国一斉（いっせい）に五月にしていただけないんですかね。ご承知のとおり、このところ新製品が出ていないんで、問屋筋

Taisho Foods has decided to put a new natural fruit juice product on the market. Before the product launch, Nakamura, a general manager, has called a meeting with the Nagoya Branch Office (NBO) and Osaka Branch Office (OBO) managers in order to obtain consensus within the company.

| | |
|---|---|
| **Nakamura** | Thank you all for coming. **As you know,** the results of the market survey for our new product have been released, so today I would like to explain basic policy regarding the product launch and to ask your opinions on various matters. Now Kimura, the section chief handling this project, will explain the outline of the marketing plan. |
| **Kimura** | **As Mr. Nakamura just said,** the results from our market survey are out. Therefore, **taking them into account,** we are thinking of proceeding as follows. First, in April we will do test sales in Nagoya, where the distribution route for chilled products has already been set up. A month later, the Tokyo Branch Office will start selling the product. Sales in other regions will begin in September. The prices and sales conditions **are described in the materials in front of you.** |
| **NBO Manager** | As the Nagoya Office will handle the product launch, we feel a great sense of responsibility and gratitude. Fortunately, in recent years we have made arrangements for chilled products with local dairy producers and have set up a sales network. I believe that we can start sales without any problems. |
| **OBO Manager** | May I ask a question? Speaking for Osaka, I have an objection. |
| **Kimura** | Yes, please go ahead. |
| **OBO Manager** | Test sales are for only a limited period and sales in other regions are to start in September. It is not even worth discussing. |
| **Kimura** | What? |
| **OBO Manager** | Considering the nature of this product, it's common sense to launch juice in the spring. If the Tokyo Branch Office is going to start selling in May, can't we start nationwide sales all at once in May? **As you know,** there have not been any new products released recently, and the wholesalers are now waiting for the launch of a major new product. I would definitely urge you to let us start sales in Osaka too as a new spring product. |
| **Kimura** | I understand your point. I'm sorry, but to tell the truth production will not make it in time. For the time being, we want to take the initiative only in Tokyo. |
| **OBO Manager** | **In other words,** you're giving priority to the Tokyo and Tokai areas. Such a strategy may sound good, but isn't it just like trying to sell Christmas cake on December 26? Put yourself in our position; we're putting total effort into sales. If spring is impossible, then how about June or July at the latest? |
| **Kimura** | Thank you for your frank comments. **As I think you understand,** this product is chilled, and the wholesalers have to use a different distribution network from the one they've used for nonperishable products. Since Nagoya already has a sales network set up for chilled products, we will start there. Then, as the word spreads in the industry that the product is selling well, we will use that momentum to launch it in Tokyo. That's our program. **I hope it's acceptable.** |

**Nakamura**   We've heard a lot of opinions, but now because of the time I would like to close this meeting for today. We will study this matter further **taking into consideration** the opinions that you have offered. So, if there is anything else that you think of, please contact me or Kimura. Thank you very much.

## VOCABULARY

| 天然果汁 | てんねんかじゅう | natural fruit juice |
|---|---|---|
| 発売（する） | はつばい | put on the market, launch a product |
| 先立ち | さきだち | go ahead of |
| 招集（する） | しょうしゅう | call into session |
| 概要 | がいよう | an outline |
| 一応 | いちおう | at least, to some extent |
| 踏まえる | ふまえる | based on, considering |
| チルド | | chilled food |
| 地域 | ちいき | area |
| 条件 | じょうけん | condition |
| 手元 | てもと | located close at hand |
| 責任 | せきにん | responsibility |
| 幸い | さいわい | fortunately |
| ～来 | らい | since |
| 地元 | じもと | local |
| 乳業会社 | にゅうぎょうがいしゃ | dairy producer |
| 起用（する） | きよう | appoint, assign |
| 販売網 | はんばいもう | sales network |
| 整備（する） | せいび | consolidate, set |
| 話にならない | はなしにならない | not even worth discussing |
| 性格 | せいかく | character |
| 常識 | じょうしき | common sense |
| 一斉に | いっせいに | all at once |
| 問屋筋 | とんやすじ | wholesale dealers |
| 先鞭をつける | せんべんをつける | take the initiative |
| 要するに | ようするに | in short, in other words |
| 首都圏 | しゅとけん | Tokyo area |
| 東海地区 | とうかいちく | Tokai area |
| 優先（する） | ゆうせん | take precedence |
| 戦略 | せんりゃく | strategy |
| 結構 | けっこう | sounds good |
| 全力投球（する） | ぜんりょくとうきゅう | put total effort into |
| 手厳しい | てきびしい | frank |
| ちょうだい（する） | | receive (humble expression) |

| 卸店 | おろしてん | wholesaler |
|---|---|---|
| 従来 | じゅうらい | up to now |
| ドライ商品 | ドライしょうひん | nonperishable products |
| 系列 | けいれつ | distribution network |
| 評判 | ひょうばん | reputation |
| 勢い | いきおい | power, momentum |
| 駆る | かる | drive |
| 進出（する） | しんしゅつ | extend |
| 筋書き | すじがき | outline, program |
| 気付く | きづく | notice, think of |

## ESSENTIAL EXPRESSIONS

### 1—Openings　「確認」-切り出し

① （すでに）ご承知／ご存じのように／とおり

② ～を踏まえて

③ ～のお話のように（申しましたように）

④ （先日）～した件につき

① and ② are used on the assumption that listeners are familiar with the subject being discussed. ③ is used to reconfirm something that has already been explained. 申しましたように is used when humble expressions are called for. ④ is used to reconfirm a previous matter as reference for action or decision.

#### EXAMPLE

■ 先日お電話でご連絡申し上げた件につきまして、今日はご意見を伺いたく、こちらに参りました。

I came here today to ask your opinion **on the matter about which** I contacted you by telephone the other day.

### 2—Data and Reference Materials　「確認」-資料

① お手元の資料のとおりです

② お手元の資料にもありますように～

These expressions are used to introduce explanations based on data or reference materials that have already been distributed to the listeners.

- お手元の資料にもありますように、今期の販売実績は前年同期を約10％上
回っております。

**As described in the materials in front of you**, our sales results for this period exceeded the same period last year by about 10%.

上回る　　うわまわる　　exceed

## 3—Asking for the Other Party's Understanding 「確認」－先方の理解・見解

① ご理解いただけると思いますが〜

② 〜ということですね

③ 〜と（いうふうに）お考えでしょうか

④ 〜と了解してよろしいですね

⑤ 〜と考えてよろしいでしょうか

① is used to ask for listeners to understand the reasons behind an opinion that will be expressed immediately after. ② and ③ are used to confirm an explanation or opinion; ③ is more polite than ②. ④ and ⑤ are used to confirm the other party's thinking about what has been discussed; ④ is more forceful than ⑤.

- 本件については、どうしても妥協できないと（いうふうに）お考えでしょうか。

**Are you saying that** (*lit.* Do you think that) you definitely cannot compromise about this?

- 今日のお話し合いで、懸案の問題については基本的にご賛同をいただけたと了解してよろしいですね。

**Am I to understand that** in our discussions today I have basically received your support regarding the outstanding problems?

- この件に関しては賛成ということですね。

So you **do** agree about this, **right?**

- 先生のご見解では、利上げは当分ないと考えてよろしいでしょうか。

**Am I correct to think that** you believe there will be no interest rate increases for the time being?

| 懸案の | けんあん | outstanding, not yet resolved |
| 賛同（する） | さんどう | support, approve |
| 利上げ（する） | りあげ | increase the interest rate |
| 当分 | とうぶん | for the time being |

## 4—The Speaker's Opinion 「確認」－話し手

### ～（の）ですが、いかがでしょうか

This expression is used to state one's own opinion or thinking and to elicit confirmation or response.

## 5—Summarizing 「確認」－要約

### 要するに……

This expression is used to summarize and reconfirm an explanation or opinion given by the speaker or listener.

### EXAMPLE

■ いろいろ意見もたくさん出ましたが、要するに、この問題は経済性についてもっと慎重に検討すべきだということです。

Many opinions have been expressed. **In summary**, we should study the economic aspects of this problem more carefully.

### VOCABULARY

| 経済性 | けいざいせい | economic aspects |
| 慎重に | しんちょうに | carefully |

## 6—Orders and Instructions 「確認」－指示

### ～のご指示のとおり

## EXAMPLE

■ 欠陥商品の回収についてはお宅さまの<u>ご指示のとおり</u>にさせていただき
ます。
けっかん

We will take back the defective products **as you have instructed**.

## VOCABULARY

| | | |
|---|---|---|
| 欠陥商品 | けっかんしょうひん | defective products |
| 回収 | かいしゅう | recall, take back |

## PRACTICE

I. Heisei Foods, a producer of noodles and pasta, has been warned by their importer that there is a threat of a worldwide wheat shortage. General managers from the Raw Materials and Planning Departments are meeting to discuss what can be done about the impending crisis. Using patterns given in this lesson, complete the following dialogue.

平成食品は、インスタントラーメンを主力とし、最近乾燥パスタの生産も始めた。
かんそう
パスタのアンテナショップとして、なま麺を使ったレストランも持っている。原材
めん
料の小麦は現在世界的な不足が報告されている。今日、材料輸入を担当する商社か
ら原料部長あてに、現状報告書が届いた。原料部長は、その資料を持参して、企画
き かく
部長と対応策を検討している。

原料部長 ＿＿＿＿＿＿＿＿＿＿＿＿（「確認」－切り出し）(Opening)、世界的な小麦
かくにん
の不作で、うちの北米からの仕入れも従来どおりというわけには
いかなくなりました。

企画部長 そうですか。他の地域からの調達も難しい＿＿＿＿＿＿＿＿＿＿。
き かく　　　　　　　　　　　　　　　　かくにん
(「確認」－先方の理解・見解) (Asking for the Other Party's Understanding)

原料部長 そうです。＿＿＿＿＿＿＿＿＿＿＿（「確認」－資料）(Data and Reference
かくにん
Materials)、同価格、同品質のものは手に入りません。
＿＿＿＿＿＿＿＿＿＿＿（「確認」－先方の理解・見解) (Asking for the
Other Party's Understanding)、現在のドル安下では、北米以上に有
利な小麦はどこにもありません。

企画部長 ＿＿＿＿＿＿＿＿＿＿＿（「確認」－要約) (Summarizing)、問題は、品質
き かく　　　　　　　　　　　　　　かくにん
を落とすか、高いものを買うかだ＿＿＿＿＿＿＿。(「確認」－先
かくにん
方の理解・見解) (Asking for the Other Party's Understanding)

| 原料部長 | はい、そうです。やはり当社では、インスタントラーメンの生産が優先＿＿＿＿＿＿＿＿＿＿＿。（「確認」－先方の理解・見解）(Asking for the Other Party's Understanding) |
|---|---|
| 企画部長 | そのとおりです。 |
| 原料部長 | では、この際円高で価格競争の激しい乾燥パスタについては、規模を縮小すべきだと思う＿＿＿＿＿＿＿＿＿。（「確認」－話し手）(The Speaker's Opinion) |
| 企画部長 | ああ、なるほど。 |
| 原料部長 | そして、アンテナショップと主力のインスタントラーメンには、やや割高な小麦を使うことを提案したい＿＿＿＿＿＿＿。<br><br>（「確認」－話し手）(The Speaker's Opinion) |
| 企画部長 | 今のような事情では、それもやむを得ないと思います。常務の意見も聞いてみましょう。 |

## VOCABULARY

| 主力 | しゅりょく | main |
|---|---|---|
| 乾燥 | かんそう | dry |
| パスタ | | pasta |
| アンテナショップ | | antenna shop (i.e., a shop where new products are sold to gauge consumer reaction) |
| なま麺 | なまめん | fresh noodles |
| 原材料 | げんざいりょう | raw materials |
| 小麦 | こむぎ | wheat |
| 世界的 | せかいてき | worldwide |
| 不足 | ふそく | shortage |
| 材料 | ざいりょう | material |
| 商社 | しょうしゃ | trading company |
| あて | | addressed to |
| 現状 | げんじょう | current situation |
| 持参（する） | じさん | bring |
| 対応策 | たいおうさく | countermeasure |
| 検討 | けんとう | consider, discuss |
| 不作 | ふさく | bad crop |
| 仕入れ | しいれ | purchase |
| 調達（する） | ちょうたつ | procure |

| 同〜 | どう〜 | same |
| 品質 | ひんしつ | quality |
| 手に入る | てにはいる | get, obtain |
| ドル安 | ドルやす | low dollar exchange rate |
| 〜下 | 〜か | in the situation of 〜 |
| 北米 | ほくべい | North America |
| 有利（な） | ゆうり | advantageous |
| 優先 | ゆうせん | priority |
| 激しい | はげしい | severe |
| 規模 | きぼ | scale |
| 縮小（する） | しゅくしょう | reduce |
| 割高（な） | わりだか | comparatively expensive |
| 提案（する） | ていあん | propose |
| やむを得ない | やむをえない | can't be helped |

## II.

**A meeting has been called at Taisho Foods to discuss supply problems with their natural fruit juice. Head Office is asking its regional offices to take a 10% reduction in next month's allotment. Using patterns given in this lesson, write out the following dialogue.**

　大正フードの天然果汁は、発売後順調に売り上げを伸ばし、品薄になってきた。N県支店の佐藤課長は、各地域担当主任の意見を聞いて商品を割り当ててきたが、来月分については生産が間に合わず、本社から急に10%の割り当て削減が通達された。そこで、当初の計画の変更を各担当者に通知する会議を召集した。

配布資料

| | 担当先店舗数 | 当初の計画 | | | 決定した割り当て | |
|---|---|---|---|---|---|---|
| | | 配分(%) | ケース数 | | 配分(%) | ケース数 |
| 東地区（大手スーパー） | | 40 | 2,000 | | 44.4 | 2,000 |
| 西地区 | 1,200 | 30 | 1,500 | ⇒ | 26.7 | 1,200 |
| 南地区 | 900 | 20 | 1,000 | | 20 | 900 |
| 北地区 | 300 | 10 | 500 | | 8.9 | 400 |
| | | | 計5,000 | | | 計4,500 |

佐藤課長　・本社から急に10%の割り当て削減が通達された。
　　　　　・東地区の大手スーパーのケース数は減らせない。
　　　　　・他の三つの地区も店舗数以下のケース数にはできない。
　　　　　・資料に従うように指示。

東地区　　・（みんなも知っているように）大手スーパーとの契約は、本社の営業部がらみである。状況のいかんを問わず、優先してもらうことを理解してほしい。

西地区　　・了解。
　　　　　（確認することへの許可を求めて、）
　　　　　課長も知っているように、高級住宅地で潜在需要が大きい地区だ。この割り当ては来月だけで、再来月は30%に戻ると理解してよいか。

佐藤課長　・基本的にはそう考えている。

南地区　　・割り当ての20%は変更がないが、ケース数は 100 減っている。再来月の総量がさらに減少しても、この数量は確保されるか。

佐藤課長　・ケース数が店舗数を下回ることがないように配慮する。

北地区　　・先月報告したが、この地区は新学園都市建設地区に指定された。
　　　　　・これについて、課長は早めのアプローチが大事だと考えるか。

佐藤課長　・もちろんだ。

北地区　　・競争相手も店舗数を増やそうと努力している。
　　　　　・特別枠の設置は要求できないか。

佐藤課長　・やってみよう。


## VOCABULARY

| 発売後 | はつばいご | after the start of sales |
|---|---|---|
| 順調（な） | じゅんちょう | going well |
| 売り上げ | うりあげ | sales |
| 品薄 | しなうす | short supply |
| 主任 | しゅにん | manager |
| 割り当てる | わりあてる | allot |
| 割り当て | わりあて | allotment |
| 削減 | さくげん | reduction |
| 通達（する） | つうたつ | inform |
| 当初 | とうしょ | the beginning |
| 変更 | へんこう | change |
| 通知（する） | つうち | inform |

| | | |
|---|---|---|
| 召集（する） | しょうしゅう | call a meeting |
| 店舗 | てんぽ | store(s) |
| ～数 | ～すう | number of ~ |
| 配分 | はいぶん | distribution |
| 以降 | いこう | ~ and after |
| 見解 | けんかい | opinion |
| 契約 | けいやく | contract |
| ～がらみ | | related to ~ |
| いかん | | depend on ~ |
| 許可 | きょか | permission |
| 高級 | こうきゅう | high class |
| 住宅地 | じゅうたくち | residential area |
| 潜在 | せんざい | potential |
| 需要 | じゅよう | demand |
| 再来月 | さらいげつ | the month after next |
| 総量 | そうりょう | total volume |
| 減少（する） | げんしょう | decrease |
| 確保 | かくほ | secure |
| 下回る | したまわる | be lower than ~ |
| 配慮（する） | はいりょ | consider |
| 学園都市 | がくえんとし | college town |
| 建設 | けんせつ | construction |
| 地区 | ちく | area |
| 指定 | してい | designate |
| アプローチ | | approach |
| 競争相手 | きょうそうあいて | competitor |
| 増やす | ふやす | increase |
| 特別枠 | とくべつわく | special quota |
| 設置 | せっち | set up |
| 要求（する） | ようきゅう | request |

# I.

**原料部長** <u>ご存じのように</u>、世界的な小麦の不作で、うちの北米からの仕入れも従来どおりというわけにはいかなくなりました。

**企画部長** そうですか。他の地域からの調達も難しい<u>と了解してよろしいですね</u>。

**原料部長** そうです。<u>お手元の資料にもありますように</u>、同価格、同品質のものは手に入りません。<u>ご理解いただけると思いますが</u>、現在のドル安下では、北米以上に有利な小麦はどこにもありません。

**企画部長** <u>要するに</u>、問題は、品質をおとすか、高いものを買うか<u>だということですね</u>。

**原料部長** はい、そうです。やはり当社では、インスタントラーメンの生産が優先<u>と考えてよろしいでしょうか</u>。

**企画部長** そのとおりです。

**原料部長** では、この際円高で価格競争の激しい乾燥パスタについては、規模を縮小すべきだと思うんですが、……（いかがでしょうか）。[注1]

**企画部長** ああ、なるほど。

**原料部長** そして、アンテナショップと主力のインスタントラーメンには、やや割高な小麦を使うことを提案したい<u>のですが、いかがでしょうか</u>。

**企画部長** 今のような事情では、それもやむを得ないと思います。常務の意見も、聞いてみましょう。


# II.

**佐藤課長** 皆さんすでに<u>ご承知のように</u>、天然果汁の生産が間に合わず、来月分について、本社から急に10パーセントの割り当て削減が通達されてきました。<u>資料にもあるように</u>、[注2]当初の計画の5,000ケースが4,500ケースになってしまいます。（<u>ご存じのとおり、</u>）東地区の大手スーパーのケース数は減らせませんし、また、ほかの3地区あてのケース数も、店舗数以下にはできません。したがって、この表にあるような配分で、お願いしたいと思います。

**東地区** すでに<u>ご存じのように</u>、大手スーパーさんとの契約は本社の営業部がらみですので、状況のいかんを問わず優先的に出さざるを得ません。その点、ご理解いただきたいと思います。

**西地区** はい、わかりました。<u>ご指示のとおりにいたします</u>。ひとつお聞きしてもよろしいですか。

佐藤課長 はい、どうぞ。

西地区 課長も<u>ご存じのように</u>、西地区は高級住宅地で、潜在需要がかなり大きい所なんです。したがいまして、この割り当ては来月についてだけで、再来月からは30%に戻ると<u>了解してよろしいですね</u>。

佐藤課長 ええ、基本的にはそう考えています。

南地区 あの、うちの場合は、パーセンテージは20%で変更はないんですが、ケース数は100ケース減っています。そこで、ちょっと確認させていただきたいんですが、仮に再来月の総量がさらに減少したとしても、900ケースは出してもらえる<u>ということですね</u>。

佐藤課長 ええ、ケース数が店舗数を下回ることがないように配慮いたします。

北地区 課長、<u>ご存じのように</u>、うちの地区はこんど、新学園都市建設地区として県に指定されました。課長は何か早めにアプローチすることが大事だ<u>とお考えでしょうか</u>。

佐藤課長 もちろんそう思います。

北地区 <u>ご理解いただけると思いますが</u>、我々の競争相手も、着々と店舗数を増やす努力をしているわけで、特別枠の設置を要求すべきだと思う<u>のですが、いかがでしょうか</u>。

佐藤課長 やってみましょう。では、皆さんよろしくお願いします。

---

注1 Either expression may be used in this case.

注2 A simplified expression. The section chief chooses his words according to the level of politeness that he judges appropriate for his area managers. Considering the relatively polite tone used here, お手元の資料にもありますように would have been just as suitable.

# Lesson **8**

第8課

# Review Lesson 2

総合練習—2

## PRACTICE

**I.** Mr. Takahashi was told in today's section chief meeting that economic cuts must be created throughout the company. After the meeting he asks Mr. Kim, one of his subordinates, for ideas to cut costs. Mr. Takahashi thinks that cutting overtime is the only option at present. Write out the following dialogue using patterns given in previous lessons.

高橋課長は今日の課長会議で全社的に経費節減を推進することを伝えられたので、部下のキムさんを呼んで意見を聞くことにした。高橋課長は当面、残業費を節減したいと思っている。しかし、キムさんに主体的に取り組んでもらうため、キムさんの発案という形にしたいと考えている。

| | |
|---|---|
| **高橋課長** | 今日の課長会議のことを話して、キムさんの意見を聞く。 |

（「意見を聞く」－切り出し）＋（「意見を聞く」－引き出し）
(Asking for Opinions: Openings) + (Asking for Opinions: Drawing Out Another Person's Opinion)

| | |
|---|---|
| **キム** | すでに会社は何回か経費節減をしているので、これ以上節減すると仕事がやりにくくなることを懸念している。この点について質問。 |

（「質問」－切り出し）＋（「意見を述べる」－懸念）＋（「意見を聞く」－
引き出し）
(Questions: Broaching Questions) + (Expressing an Opinion: Showing Fear or Worry) + (Asking for Opinions: Drawing Out Another Person's Opinion)

| | |
|---|---|
| **高橋課長** | いままで何回か経費カットの努力はしているが、それでも、残業費にまだ節減の余地があると考えている。この点についてキムさんに意見を聞く。 |

（「意見を述べる」－主張）＋（「意見を聞く」－引き出し）
(Expressing an Opinion: Making an Assertion) + (Asking for Opinions: Drawing Out Another Person's Opinion)

| | |
|---|---|
| **キム** | 得意先への販売活動など、外向きの業務は減らしにくい。しかし、報告書など社内向きの業務を合理化することで残業費を節減できると考えている。この点について課長の意見を聞く。 |

（「意見を述べる」－切り出し）＋（「意見を述べる」－軟主張）
＋（「意見を聞く」－引き出し）
(Expressing an Opinion: Openings) + (Expressing an Opinion: Making a Weak Assertion) + (Asking for Opinions: Drawing Out Another Person's Opinion)

さらに、節減の具体的目標についても質問する。

（「質問」－切り出し）＋（「意見を聞く」－引き出し）
(Questions: Broaching Questions) + (Asking for Opinions: Drawing Out Another Person's Opinion)

高橋課長　節減の目標は50%と考えている。報告書作成の効率化についてキム
さんの意見を聞く。

（「意見を述べる」－主張）＋（「意見を聞く」－引き出し）
(Expressing an Opinion: Making an Assertion) + (Asking for Opinions: Drawing
Out Another Person's Opinion)

キム　報告書の提出時期が月末に集中しているので、そのための残業が多
い。節減目標達成には報告書提出時期を少しずらすなどして、その
点を解消することが必要。その点、他部門への要望を課長に述べる。

（「確認」－切り出し）＋（「意見を述べる」－主張）
＋（「確認」－話し手の見解）
(Confirmation: Openings) + (Expressing an Opinion: Making an Assertion) +
(Confirmation: The Speaker's Opinion)

高橋課長　キムさんの提案を自分が主体的に他部門に働きかけることを話し
て、キムさんの経費節減への努力を指示。

（「指示」－まとめ）
(Giving Instructions: Summing Up)

## VOCABULARY

| 経費 | けいひ | expenses |
| 節減（する） | せつげん | reduce |
| 推進（する） | すいしん | promote |
| 当面 | とうめん | for the time being |
| 残業費 | ざんぎょうひ | overtime expenses |
| 主体的 | しゅたいてき | subjective |
| 取り組む | とりくむ | tackle a problem |
| 発案 | はつあん | idea, suggestion |
| 余地 | よち | room |
| 販売活動 | はんばいかつどう | sales activities |
| 外向き | そとむき | outside the office |
| 合理化 | ごうりか | rationalization |
| 効率化 | こうりつか | increasing efficiency |
| 提出（する） | ていしゅつ | present, submit |
| 集中（する） | しゅうちゅう | concentrate |
| ずらす | | put off, delay |
| 解消（する） | かいしょう | solve |
| 要望（する） | ようぼう | request, ask |
| 働きかける | はたらきかける | work on, (try to) influence |

**II.** As the general manager of the Public Relations Department of Taisho Foods, it is your job to publish a free cookbook. Management, however, has requested a 20% cut in production costs. At present you use a famous photographer, who happens to be an alumnus of the company president, but you have to switch to younger and cheaper person. The managing director tells you that you have to inform the photographer in person. Write out the following dialogue using patterns given in previous lessons.

あなたは大正食品の広報室長である。あなたの会社では消費者に対するサービスとしてクッキングブックを発行しているが、リストラに伴う予算の削減で制作費が2割カットされた。料理の先生のギャラ引き下げなどは代理店に任せたが、写真家も現在使っている一流カメラマンから若い人に切り替えなくてはならない。ところが、現在使っている写真家の後藤先生は社長と大学が同窓なので、失礼があってはいけないと、担当常務に呼ばれ、代理店経由ではなく直接あいさつしてくるように、指示を受けた。

| | |
|---|---|
| 常務 | 広報室長を呼んで、次のことを指示した。後藤先生に予算の都合でカメラマンを若い人に代えることを直接伝えること。後藤先生と社長とは同窓生で仲よくしていることも説明する。<br>(「指示」－切り出し) + (「指示」－動作・行為)<br>(Giving Instructions: Openings) + (Giving Instructions: Actions and Behavior) |
| 広報室長 | 了承。早速行くが、社長は今回の件を知っているかどうか常務に質問。<br>(「指示」－確認・了承) + (「質問」－切り出し)<br>(Giving Instructions: Confirmation and Acknowledgment) + (Questions: Broaching Questions) |
| 常務 | すでに話してあるが、後藤先生に伝えしだい、あらためて社長に報告する。<br>(「意見を述べる」－主張)<br>(Expressing an Opinion: Making an Assertion) |
| 広報室長 | 今夜にも後藤先生に話してくる。<br>(「指示」－確認・了承)<br>(Giving Instructions: Confirmation and Acknowledgment) |
| 常務 | (「指示」－まとめ)<br>(Giving Instructions: Summing Up) |

| | | |
|---|---|---|
| 広報室 | こうほうしつ | Public Relations Office |
| 消費者 | しょうひしゃ | consumer |
| クッキングブック | | cookbook |
| 発行（する） | はっこう | publish |
| リストラ | | restructuring |
| 制作費 | せいさくひ | production costs |
| ２割 | にわり | 20% |
| カット（する） | | reduce |
| ギャラ | | manuscript fee |
| 引き下げる | ひきさげる | cut down |
| 任せる | まかせる | entrust |
| 写真家 | しゃしんか | photographer |
| 一流 | いちりゅう | first class |
| カメラマン | | photographer |
| 切り替える | きりかえる | change |
| 同窓 | どうそう | schoolmate, alumnus |
| 担当常務 | たんとうじょうむ | managing director in charge of |

**III.** Heisei Trading Company has always based its sales strategy on increasing market share with large orders. Recent changes in the economic environment means that this will have to change. Today there is a section chief meeting in the Sales Department to make sure that they all fully understand the reasons for the policy change. All section chiefs were provided with reference materials one week earlier. Write the following dialogue using patterns given in previous lessons.

平成商事は、今まで大口の取引を中心として市場占有率の向上を基本販売政策の柱にしていた。しかし、経済環境の変化で、その政策を大きく転換することにした。今日は、その点について部内の理解を徹底するための課長会議を開いた。その詳しい内容については、すでに先週、各課長に文書を配布してある。

部長 　　　今日の会議の目的を話す。配布された資料をすでによく読んできたことを確認する。
（「確認」－切り出し）
(Confirmation: Openings)

加藤課長 　今回の政策変更の基本的問題点は、販売の量から質への転換と理解している。この点について部長に確認のための質問をする。
（「質問」－切り出し）＋（「確認」－先方の理解・見解）
(Questions: Broaching Questions) + (Confirmation: Asking for the Other Party's Understanding)

| 部長 | 加藤課長の見解に同意。さらに次の説明を加える。これからは、大量販売による市場占有率の増加を目ざすのではなく、利益性の高い商品を効率よく販売する。 |
|---|---|

（「意見を述べる」-積極的主張）
(Expressing an Opinion: Making a Strong Assertion)

| 加藤課長 | 部長の説明を理解。基本的に賛成の意見を述べる。しかし、これまでの大口取引から全面的に撤退するということでは問題があるとの懸念を示し、慎重に取り扱うべきであるとの意見を述べる。この点について部長の意見を聞く。 |
|---|---|

（「意見を述べる」-賛成）＋（「意見を述べる」-懸念）
＋（「意見を述べる」-主張）＋（「意見を聞く」-引き出し）
(Expressing an Opinion: Agreeing) + (Expressing an Opinion: Showing Fear or Worry) + (Expressing an Opinion: Making an Assertion) + (Asking for Opinions: Drawing Out Another Person's Opinion)

| 部長 | 加藤課長の懸念は一応認める。しかし、大口取引の中にも、いろいろと条件の違ったものがあるので、よく整理して、検討する。 |
|---|---|

（「意見を述べる」-積極的主張）
(Expressing an Opinion: Making a Strong Assertion)

| 加藤課長 | 販売政策の変更に伴って、人員配置にも影響が出るのではないかと考え、その点を部長に重ねて質問。 |
|---|---|

（「質問」-切り出し）＋（「意見を述べる」-軟主張）
＋（「意見を聞く」-引き出し）
(Questions: Broaching Questions) + (Expressing an Opinion: Making a Weak Assertion) + (Asking for Opinions: Drawing Out Another Person's Opinion)

| 部長 | 加藤課長の指摘は当然考えられる問題として同意。さらに自分の考えとして、教育、訓練などのいろいろな面についても再検討されることになるという考えを述べる。 |
|---|---|

（「意見を述べる」-積極的主張）
(Expressing an Opinion: Making a Strong Assertion)

| 吉田課長 | いままでの市場占有率向上を目ざしての販売政策はわかりやすく、士気を高めるのにも容易であったが、政策の変更は、この辺に問題があるとの懸念を表明。 |
|---|---|

（「質問」-切り出し）＋（「意見を述べる」-軟主張）
＋（「意見を聞く」-引き出し）
(Questions: Broaching Questions) + (Expressing an Opinion: Making a Weak Assertion) + (Asking for Opinions: Drawing Out Another Person's Opinion)

| 部長 | 重要な指摘として加藤課長の懸念を認める。しかし、大きな経済環境の変化に伴って、思い切った考え方の転換が必要であると考えているので、その点を指摘して、全員に対応を指示する。 |

## (「指示」-動作・行為)
(Giving Instructions: Actions and Behavior)

## VOCABULARY

| 大口 | おおぐち | big order |
|---|---|---|
| 取引 | とりひき | transaction |
| 市場占有率 | しじょうせんゆうりつ | market share |
| 向上 | こうじょう | improvement |
| 販売政策 | はんばいせいさく | marketing policy |
| 柱 | はしら | center of principle |
| 経済環境 | けいざいかんきょう | economic environment |
| 転換（する） | てんかん | change, shift |
| 理解（する） | りかい | understanding |
| 詳しい | くわしい | detailed |
| 文書 | ぶんしょ | documents |
| 量 | りょう | volume |
| 質 | しつ | quality |
| 見解 | けんかい | view, opinion |
| 同意（する） | どうい | agree |
| 目ざす | めざす | aim at |
| 利益性 | りえきせい | profitabilty |
| 効率 | こうりつ | efficiency |
| 全面的に | ぜんめんてきに | on all fronts |
| 懸念 | けねん | fear |
| 取り扱う | とりあつかう | handle |
| 整理（する） | せいり | sort, organize |
| 伴う | ともなう | go with, accompany |
| 人員配置 | じんいんはいち | manpower assignment |
| 重ねて | かさねて | repeatedly |
| 指摘（する） | してき | point out |
| 当然 | とうぜん | naturally |
| 訓練 | くんれん | training |
| 士気 | しき | morale |
| 高める | たかめる | elevate, improve |
| 表明（する） | ひょうめい | express |
| 思い切った | おもいきった | drastic |
| 対応（する） | たいおう | cope with |

# I.

**高橋課長** 今日、課長会議で全社的に経費を節減することになったと伝えられたんですよ。これをどう進めたらいいか<u>いろいろ意見を聞きたいんですが</u>、キムさん、<u>その辺いかがですか</u>。

**キム** 課長、<u>質問があります</u>。すでに会社は何回か経費節減をやっていますので、これ以上節減することは仕事がやりにくくなっ<u>てしまうのではないかと</u>懸念しますが、この点についてお聞かせいただければ……。

**高橋課長** そうですね、それでもまだ節減の余地がある<u>と思いますよ</u>。特に残業費について……。この点、キムさん、<u>どう思いますか</u>。

**キム** <u>私の考えとしては</u>、得意先への販売活動など、外向きの業務は減らしにくいんじゃないかと思います。しかし、報告書などの内向きの業務は、やり方によっては残業費を節減できる<u>かと思いますが、その辺いかがでしょうか</u>。ところで、<u>ひとつお聞きしてもよろしいですか</u>。残業費節減の具体的目標についてはどうお考えでしょうか。

**高橋課長** （私としては）50%節減したい<u>と思います</u>。そのためには、いまキムさんが言ったとおり、報告書の作成を効率的にやるべきですが、それについては<u>どう考えますか</u>。

**キム** そうですね、<u>ご承知のとおり</u>、現在、報告書の提出期日が月末に集中しています。そのため、どうしても残業が多くなっています。ですから、できれば報告書提出時期を少しずらすなどして、この点を解消することが必要<u>だと思います</u>。課長からその点を各部に要望していただければ<u>と思いますが、いかがでしょうか</u>。

**高橋課長** キムさんの意見はよくわかりました。報告書の期限をずらす件については私が各部と交渉しますので、経費節減についてはこれまで以上に努力するよう、<u>よろしくお願いします</u>。

# II.

**常務** <u>悪いけど</u>、君に行ってもらいたいところがあってね。写真家の後藤先生なんだけど、こんどカメラマンを代えるについては、君に直接ごあいさつに行っ<u>てもらいたいんだよ</u>。後藤先生は社長と同窓で、仲よくしていらっしゃるらしいんだよ。

**広報室長** <u>はい、承知しました</u>。早速行ってまいりましょう。ちょっと<u>お聞きしたいんですが</u>、社長はもう今回の件、ご存じでしょうか。

| 常務 | もうお話はしてあるが、先方に伝えしだい、あらためてご報告しようと思う。 |
| 広報室長 | はい、わかりました。じゃ今夜にも行ってお話ししてまいります。 |
| 常務 | うん、そうしてくれ。よろしく頼んだよ。 |

**Note:**
Bosses often use the plain forms of verbs when speaking to subordinates. This usage reduces the psychological distance between the speakers and indicates a sense of familiarity.

# III.

| 部長 | 今日は当社の販売政策の基本的変更について理解をいただくため、皆さんに集まってもらいました。詳しい内容は先週配布した文書を読んできたと思いますが、それを踏まえてお話ししたいと思います。 |
| 加藤課長 | ひとつお聞きしてもよろしいですか。今回の政策変更の基本的問題点は量から質への転換と考えてよろしいでしょうか。 |
| 部長 | そのとおりです。いままで当社は市場占有率の向上を目ざして、大量販売に力を入れてきました。しかし、これからは市場占有率の増加を目ざすのではなく、利益性の高い商品を効率よく販売すべきだと思います。 |
| 加藤課長 | よくわかりました。そうした方向に進むことは基本的に賛成です。しかし、これまでの大口取引から全面的に撤退するということでは、ちょっと問題があるんじゃないかと懸念されます。これは、慎重に取り扱わなければならないと思います。その辺いかがでしょうか。 |
| 部長 | たしかにそうした問題はあります。しかし、大口の取引の中にもいろいろと条件の違っているものがあります。この際、それらをよく整理して検討すべきだと思います。 |
| 加藤課長 | 重ねて恐縮ですが、販売政策の変更によって、人員配置にも影響が出てくるんじゃないかと思われますが、この点についてはどうお考えでしょうか。 |
| 部長 | そうですね。その点は当然考えられます。また、教育、訓練などいろいろな面についても再検討されるべきだと思います。 |
| 吉田課長 | ちょっとお聞きしたいことがございます。いままでの市場占有率向上を目ざしての販売政策はわかりやすく、士気を高めるのも容易でしたが、政策の変更によって悪い影響を受けるのじゃないかと思われます。その辺については？ |
| 部長 | 大変重要な問題ですね。ご指摘のとおり、たしかに問題のあるところですが、やはり、経済環境の大きな変化に伴って、思い切った考え方の転換が必要です。その点、皆さんもしっかり対応してほしいと思います。 |

# Lesson 9

第9課

## Requests
依頼

**Collecting Information About the Outlook for This Year**

情報収集 ── 今年の見通し

ポール　ええ、その点はよくわかっているんですが、そこをなんとかお願いします。*3

松本　そうですか。金利の動向にもよりますが、個人投資家向けには現在、六百円以下の割安株で、株主を優遇するものの中に、いいものがあるんじゃないかと考えております。

ポール　なるほど、よくわかりました。今日はお忙しい中をお時間をいただきありがとうございました。今後ともよろしくお願いします。*4

松本　どういたしまして。どうも、ご苦労さまでした。

ポール　失礼します。

昭和証券会社のポールは、平成経済研究所の松本社長を訪問し、今年の経済・株価の見通しなどについて意見を求めた。

ポール　昭和証券のポールと申します。どうぞよろしくお願いします。

松本　ああ、よくいらっしゃいました。

ポール　このたびは、[1]貴重なお時間をいただきまして、ありがとうございます。[1]お忙しいところ、申し訳ありませんが、今日は、今年の経済と株価の見通しについて、松本社長のご意見を承りたいということで、参ったわけでございます。よろしくお願いいたします。

松本　そうですね、今年は景気の見通しが非常に困難な状態ですので、株価の見通しも特に難しいと考えております。

ポール　そうですか。早速ですが、金利の動向につきましては、社長はどのように見ておられますか、お聞かせいただきたいと思います。[2]

松本　金利はですね、現在すでにかなり低い水準にあると思いますが、さらにもう一段下がると思っています。

ポール　ああ、そうでございますか。その場合、引き下げの時期と幅についてはいかがでしょうか。

松本　うぅん、この点は、先に申し上げましたように、はっきりとした見通しを持てないような状況にありまして……。希望的観測ではありますが、アメリカの景気が上向きになり、日本でも内需拡大策として、金利が〇・五パーセントぐらい引き下げられるだろうと予想しております。

ポール　なるほど。次に、いろいろな銘柄の中から、投資対象を選ぶ場合にどんな銘柄が適当なのか、できましたら、その辺のところをお聞かせいただければと思いますが。

松本　さきほど申し上げましたように、ちょっと、今の段階では非常に不確定要素が多過ぎて……。

Mr. Paul of Showa Securities visits President Matsumoto of the Heisei Economic Research Institute to ask for his opinion on the outlook for the economy and stock prices for this year.

| | |
|---|---|
| Paul | I am Paul from Showa Securities. How do you do? |
| Matsumoto | Thank you for coming. |
| Paul | **Thank you very much for allowing me to take up some of your valuable time. I'm sorry to bother you when you're so busy,** but I have come here today to ask your opinions about the outlook for the economy and stock prices this year. |
| Matsumoto | I see. This year economic forecasting is extremely problematic and it is especially difficult to predict stock prices. |
| Paul | Is that right? Anyway, **I would like to** hear how you see interest rate movements. |
| Matsumoto | Well, interest rates are already at quite a low level, but I think they will fall even further. |
| Paul | Is that so? In that case, what do you think about the timing and extent of the reduction? |
| Matsumoto | Hmm, as I said before, we're in a situation where clear-cut forecasts just don't hold. This is a hopeful observation: the American economy is looking up, and I predict that interest rates in Japan could be cut by about 0.5% as a measure to expand domestic demand. |
| Paul | I see. **Next, if possible, I would be very grateful if you could tell me** something about specific stocks that are appropriate subjects for investment. |
| Matsumoto | As I mentioned earlier, at this stage there are just too many uncertain factors... |
| Paul | Yes, I understand that very well, but **could you please be more specific.** |
| Matsumoto | Well, it all depends on the interest rate movement, but I suspect that at present individual investors can find something good among the relatively cheap stocks that are valued at under 600 yen per share and give preferential treatment to stockholders. |
| Paul | I see. That's very clear. **Thank you very much for taking time out of your busy schedule today. I hope that we may ask for your help again in the future.** |
| Matsumoto | You're welcome. Thank you for coming. |
| Paul | Good-bye. |

# VOCABULARY

| | | |
|---|---|---|
| 情報収集 | じょうほうしゅうしゅう | collection of information |
| 見通し | みとおし | forecast, outlook |
| 証券 | しょうけん | security, stock |
| 研究所 | けんきゅうじょ | research institute |
| 株価 | かぶか | price of stock |
| 承る | うけたまわる | listen (humble expression) |
| 困難 | こんなん | problematic |
| 金利 | きんり | interest rate |

| 水準 | すいじゅん | level |
|------|-----------|-------|
| 引き下げ | ひきさげ | reduction |
| 幅 | はば | extent, range |
| 希望的 | きぼうてき | hopeful |
| 観測 | かんそく | observation |
| 上向きになる | うわむきになる | show an upward tendency, look up |
| 内需 | ないじゅ | domestic demand |
| 拡大（する） | かくだい | expand |
| 銘柄 | めいがら | (name of stock) |
| 投資対象 | とうしたいしょう | subject for investment |
| 不確定要素 | ふかくていようそ | (element of) uncertainty |
| 割安（な） | わりやす | relatively cheap |
| 優遇（する） | ゆうぐう | treat preferentially |

## ESSENTIAL EXPRESSIONS

### 1—Openings 「依頼」－切り出し

① 貴重なお時間をいただきまして、ありがとうございます

② お忙しいところ申し訳ありませんが

③ できましたら

④ ほかでもないんですが

⑤ じつは……

⑥ 恐れ入りますが

⑦ お願いの件があって参りました

① and ② are common openings for requests. ③ and ④ can also be used to open any specific topic. ⑤ is often used when it is important to have the other party's understanding. ⑥ can be used either by itself or before ③, ④, or ⑤. ⑦ is used to make clear the specific purpose of a visit. ⑦ is often used in combination with ③, ④, ⑤, and ⑥.

■ じつは、今日はお取引の内容についてお願いしたいことがあって参りました。

**To tell you the truth**, I've come here today to make a request about the details of our business transaction.

■ 恐れ入りますが、できましたら契約の更改時期を、さらに1年延長していただきたいんですが。

**I'm sorry**, but I would like to ask you to consider extending the renewal period of the contract by another year, **if possible**.

■ 今日、伺いましたのはほかでもないんですが、（じつは）先日の契約につきまして二、三お聞きしたいことがありまして……。

**My specific purpose** in coming here today is to ask two or three questions about that contract we discussed the other day.

■ お願いの件があって参りました。じつは／ほかでもないんですが、かねてから当社で開発しております新製品について……。

**I've come here to make a request.** That is, **specifically** with regard to the new product that our company has been developing...

### VOCABULARY

| 更改 | こうかい | renewal |
| 延長（する） | えんちょう | extend |

## 2—Actions and Behavior　「依頼」－動作・行為

① お〜いただければ……

② 〜いただきたいと思います

③ 〜で／をお願いしたいと思います

④ 〜てください（ませんか）／いただけませんか

These expressions, which follow the openings given in the previous section, describe the contents of the request more specifically. ②, ③ and ④ can also be used to give instructions (see Lesson 3).

- 申し訳ありませんが、価格についてはこの範囲<sup>はんい</sup>でお願いしたいと思います。

  I'm sorry, but **I would like you** to set the price within this range.

- 完成の時期は遅<sup>おそ</sup>くとも来年末までにしてください。

  **Please** make the date of completion the end of next year at the latest.

## VOCABULARY

| 完成 | かんせい | completion |
|------|----------|------------|

---

### 3—Strong Requests 「依頼<sup>いらい</sup>」－強い依頼<sup>いらい</sup>

① そこをなんとかお願いします

② なんとかご無理をお願いできませんでしょうか

These expressions are used to make forceful requests, especially when the other party may have difficulty accepting the request under certain circumstances. Sometimes the お願いします may be omitted from ① to make a stronger appeal.

## EXAMPLES

- 御社<sup>おんしゃ</sup>のご事情、お立場はよくわかりますが、そこをなんとか……

  I understand well the situation and position of your company, **but I wish you would find some way** (to comply with my request).

- 当社の事情をお察しのうえ、なんとかご無理をお願いできませんでしょうか。

  **Can I ask you to understand** our situation **and do what we request as a special favor to us?**

## VOCABULARY

| 立場 | たちば | position, situation |
|------|--------|---------------------|
| 察する | さっする | understand |

① お忙<sup>いそが</sup>しい中をお時間をいただき、（貴重なご意見を）ありがとうございました

② お忙<sup>いそが</sup>しいところ申し訳ありませんでした

③ （今後とも）よろしくお願いします

① and ② are closings that correspond to the openings ① and ②. ③ is commonly used when finishing a request.

## PRACTICE

**I.** Complete the following dialogues using patterns given in this lesson.

1 「支払い延期」

平成商事は今月末に大正工業に返済しなければならない大口の負債<sup>ふさい</sup>がある。しかし資金繰りが苦しいので、財務部長のあなたは、大正工業の山下財務部長を訪ねて今回に限り10日間の延期を強く依頼<sup>いらい</sup>する。

（「依頼<sup>いらい</sup>」－切り出し）＋（「依頼<sup>いらい</sup>」－動作・行為<sup>こうい</sup>）＋（「依頼<sup>いらい</sup>」－強い依頼<sup>いらい</sup>）
　　(Openings)　　＋　　(Actions and Behavior)　＋　　(Strong Requests)

2 「連帯保証」

a) 平成銀行は金子商事にゴルフ場の開発資金を融資<sup>ゆうし</sup>している。融資<sup>ゆうし</sup>部長のあなたは、貸金回収を確実にするため、社長を訪ねて個人連帯保証を依頼<sup>いらい</sup>する。

（「依頼<sup>いらい</sup>」－切り出し）＋（「依頼<sup>いらい</sup>」－動作・行為<sup>こうい</sup>）
　　(Openings)　　＋　　(Actions and Behavior)

b) 金子社長はすでに会社から差し出してある担保で十分だと考えて、その依頼<sup>いらい</sup>を断った。そこで、担保物件の価値が急落していることを理由に強く依頼<sup>いらい</sup>する。

（「依頼<sup>いらい</sup>」－強い依頼<sup>いらい</sup>）
　　(Strong Requests)

3 「接待の交代」

あなたは課長から、あさっての明治銀行の接待に同席するように指示された。しかし、その日は友人の結婚<sup>けっこん</sup>披露宴<sup>ひろうえん</sup>に招待されている。そこで、同僚<sup>どうりょう</sup>の小林さんに、代わりに行くことができるかどうか聞く。

（「依頼<sup>いらい</sup>」－切り出し）＋（「依頼<sup>いらい</sup>」－動作・行為<sup>こうい</sup>）
　　(Openings)　　＋　　(Actions and Behavior)

| 延期 | えんき | postponement |
|------|--------|--------------|
| 返済 | へんさい | pay back |
| 大口 | おおぐち | big |
| 負債 | ふさい | debt |
| 資金繰り | しきんぐり | cash management |
| 苦しい | くるしい | difficult |
| 今回に限り | こんかいにかぎり | for this time only |
| 連帯保証 | れんたいほしょう | joint guarantee |
| 開発資金 | かいはつしきん | development fund |
| 融資 | ゆうし | financing |
| 貸金 | かしきん | loan |
| 回収 | かいしゅう | collection |
| 個人連帯保証 | こじんれんたいほしょう | personal joint guarantee |
| 担保 | たんぽ | security, collateral |
| 物件 | ぶっけん | thing, object |
| 急落 | きゅうらく | sharp drop |
| 接待 | せったい | entertainment, socializing |
| 交代 | こうたい | change |
| 同席（する） | どうせき | join, accompany |
| 結婚披露宴 | けっこんひろうえん | wedding reception |

**II.** Nakamura Securities is showing interest in Yokoyama Toys, a major player in the toys and games industry. Mr. Lee of Nakamura Securities has made an appointment by telephone to visit Mr. Sato of Yokoyama Toys and gather intelligence about the management and future projects. Write out the dialogue below using patterns given in this lesson.

中村証券は大手の玩具会社の横山玩具にかねてから関心を持っていた。そこで、同証券のリーさんは横山玩具の運営や企画についての情報を得るため、あらかじめ、電話で約束をしたうえで同社の佐藤さんを訪ねた。

| リー | 自己紹介のあと電話で話した件を確認して訪問の目的を話す。 |
|------|------|
| 佐藤 | 了解。なんでも話す用意がある。 |
| リー | まず、今年の玩具産業の動向について見通しを聞く。 |
| 佐藤 | ちょうど、最近当社でまとめたレポートがあるので、それを見るように伝える。 |

リー　　　レポートを受け取る。次に同社が今年はどんな方面に特に重点を置くか、その点について佐藤さんに説明を依頼する。

佐藤　　　今年、日本に進出してきたアメリカの大手玩具会社への対応に重点をおく。
そのため：新しく開発されたゲームを投入。
新商品は　1）昨年から開発されたもの
　　　　　2）独特なもの
　　　　　3）大人にも子供にも喜ばれるもの

リー　　　その新商品が狙っているマーケットについて質問。

佐藤　　　まだ話す段階ではないので明らかにしない。

リー　　　その点、なんとか情報を得ようと、ヒントなどを強く依頼。

佐藤　　　具体的には答えず、国内をまず固めたい意向だとだけ話す。

リー　　　佐藤さんに感謝を述べ、今後のことを依頼して帰る。

## VOCABULARY

| 大手 | おおて | major |
| 玩具 | がんぐ | toy |
| 関心 | かんしん | concern, interest |
| 運営（する） | うんえい | manage, operate |
| 用意 | ようい | preparation |
| 産業 | さんぎょう | industry |
| 投入（する） | とうにゅう | add to product line |
| 独特（な） | どくとくな | unique |
| 狙う | ねらう | aim |
| 固める | かためる | secure |
| 意向 | いこう | intention |
| 感謝 | かんしゃ | thanks |

## PRACTICE ANSWERS

## I.

1　山下さん、できましたら今月末の返済を10日ほど延ばしていただけませんか。じつは、資金繰りが苦しいものですから、今回に限り、なんとかご無理をお願いできませんでしょうか。

2

a) 恐れ入りますが、御社にご融資している開発資金について、社長の個人連帯保証
をお願いしたいと思いまして……

b) そこをなんとかお願いしますよ。ご承知のように、担保物件の価値が急落してお
りますので……

3    小林さん、じつは、課長からあさっての明治銀行の接待に同席するように言われ
たんですが、友人の結婚披露宴と重なってしまうんです。申し訳ありませんが、
代わってくださいませんか。

**Note:**

The honorific expressions given in Actions and Behavior may be too polite for making
requests to coworkers. When speaking to people with whom you work closely, you can
make requests as follows:

3′   小林さん、じつは、課長からあさっての明治銀行の接待に同席するように言われ
たんだけど、友人の結婚披露宴と重なっちゃうんだ。悪いけど、代わってもらえ
ないかな。

In the above example, ～てもらえないか can be replaced by ～てくれない（か） or ～てほ
しいんだけど.

# II.

| | |
|---|---|
| リー | 中村証券のリーと申します。今日はお忙しいところ、わざわざお時間をいた<br>だきありがとうございます。お電話でお話し申し上げましたように、御社<br>の企画や運営について関心を持っております。いろいろお聞かせください。 |
| 佐藤 | そうですか。どうぞなんでもお聞きください。 |
| リー | ありがとうございます。早速ですが、できましたら今年の玩具産業はどん<br>な方向に動くとお考えか、お聞かせいただければ……。 |
| 佐藤 | ああ、それにはちょうど当社がまとめたレポートがありますからこれをご<br>らんください。 |
| リー | どうも……。拝見させていただきます。ところで御社が今年、特に重点的<br>に力を入れられるのはどんな方面でしょうか。その点についてお話しくだ<br>さいませんか。 |
| 佐藤 | そうですね、ご承知のように今年はアメリカの大手玩具会社が日本に進出<br>してきましたね。これへの対応に重点をおきます。それには、当社が昨年 |

から開発に努力してきたゲームがありますので、それを投入したいと考えています。子供にも大人にも喜ばれる当社独特のものです。

リー　そうですか、その商品が狙っているマーケットは？

佐藤　ううん、その点はまだお話しする段階にないんですがね。

リー　そうですか、そこをなんとかヒントだけでもお願いします。

佐藤　そうですね、国内をまず第一に固めるということですかね。

リー　そうですか。よくわかりました。今日は大変お忙しい中を、貴重な情報をありがとうございました。

佐藤　どういたしまして……。

リー　今後ともよろしくお願いいたします。

# Negative Requests
## 禁止の依頼

### Collecting Information
### 情報収集

## OPENING DIALOGUE A

平成証券のアナリストの山田さんは、精密機器産業の中堅である昭和精器を訪ね、長谷川専務に会った。目的は、同社の新しい計画について情報を得ることである。

山田　　御社の新しい計画について、すみませんが、できましたらお差しつかえない範囲でその内容などをお聞かせいただけませんか。

長谷川　そうですね。ある程度はお話しできますが、<u>申し訳ありませんが</u>*1 これはまだ一般に公表しておりませんので……。その点、情報が漏れ<u>ないようにくれぐれもご留意ください</u>*2。

山田　　もちろん、そのように十分気をつけますので……。ところで、そのほかにもいろいろと積極的プランをお持ちのようですが、それには相当の資金が必要かと思われますが……。

長谷川　ええ、確かにそのとおりです。

山田　　資金の手当てについてはどんなご計画ですか。これもよろしかったらお聞かせいただけませんか。

長谷川　ええ、現在の自己資金だけではとても不十分ですから、どうしても増資と社債に頼らざるを得ないでしょう。

山田　　そうですか。その時期はだいたいいつごろをお考えですか。

長谷川　そうですね。やはり今年の秋以降になるんじゃないでしょうか……。この点、まだいろいろと問題のあるところですから、できましたら今のところ、<u>ここだけの話にしておいてください</u>*3。

Mr. Yamada, an analyst at Heisei Securities, is visiting Showa Seiki, a company of middle standing in the precision machinery industry. He is meeting their senior managing director, Mr. Hasegawa. His objective is to obtain information about Showa Seiki's new plans.

Yamada　　It's about your new project. I'm sorry to ask but could you possibly tell me as much as you feel appropriate.

Hasegawa　All right. **I'm afraid, however,** that it has not yet been publicly announced and I can only say so much. **Could you please take the utmost care and effort to make sure** that this information is not leaked.

Yamada　　Of course, I will be very careful. By the way, you seem to have many other aggressive plans as well. I think that it will require considerable capital.

Hasegawa　Yes, that's quite right.

| Yamada | What plans have you made for the financing? Could you tell me about that as well, if possible? |
|---|---|
| Hasegawa | Yes, since our own present capital is completely inadequate, we are forced to rely on capital increases and corporate bonds. |
| Yamada | Oh. When do you expect that to happen? |
| Hasegawa | Let's see. One wouldn't expect it to be any earlier than fall this year. There are still many unanswered questions regarding this matter, so in the meantime I would like you to keep this information private if possible. |

## VOCABULARY

| 精密機器 | せいみつきき | precision machinery and equipment |
|---|---|---|
| 中堅 | ちゅうけん | middle standing |
| 差しつかえない範囲 | さしつかえないはんい | within an allowable extent, as much as one feels appropriate |
| 公表（する） | こうひょう | announce publicly |
| 漏れる | もれる | leak |
| 留意（する） | りゅうい | pay attention, be careful |
| 積極的 | せっきょくてき | aggressive |
| 相当の資金 | そうとうのしきん | substantial amount of capital |
| 手当て | てあて | arrange |
| 自己資金 | じこしきん | one's own capital |
| 増資 | ぞうし | capital increase |
| 社債 | しゃさい | corporate bond |
| 頼る | たよる | rely on |

アナリストの山田さんは、神奈川電器が開発したと伝えられる新製品についての情報を
得るため、同社の小林常務を訪問した。山田さんと小林常務とは特に親しい間柄であり、
いろいろと情報交換をしている。

| | |
|---|---|
| 山田 | 常務、大変お忙しいところを、お時間をいただいてすみません。今日はぜひ内々お伺いしたいことがありまして……。 |
| 小林常務 | いえいえ、それは、山田さんと私の仲だからなんなりと……。ところで、何事ですか。 |
| 山田 | じつはですね、最近業界で、神奈川電器さんが、画期的な新製品を出すらしいといううわさが飛んでいるんですが……。 |
| 小林 | ああ、そう。 |
| 山田 | それで、今日は、ちょっと常務から腹を割ったお話を聞かせていただきたいと思ってですね……。 |
| 小林 | なるほど、それは鼻のきく山田さんのことだから、いろんなニュースをあちこちから聞いているとは思うけどね。うちもメーカーだから、ほとんど毎日のように、新しいアイディアが出ているわけでね。 |
| 山田 | ええ。まあ、私のアンテナもあんまり高いわけじゃないんですけど、こんどの製品は、かなり画期的なものらしいとみているんですがねえ。 |
| 小林 | なるほど、なるほど。まあ、それはまったく的が外れているとは言わないがね。でも、こればっかりは山田さん、いくらあんたでも、話すわけにはいかないんだよ。少なくとも、今のところはね……。 |
| 山田 | 今日はどういう製品で、値段で、といった具体的なお話をしていただける段階じゃないと思いますよ。でも、どうでしょうねえ、常務と私の仲に免じて、例えば、その新製品をいつ頃発表する予定か、そのくらいのことをですねえ、漏らしていただけませんか。 |
| 小林 | そうねえ。いままでも、いろいろ情報をもらっている山田さんのことだから、ま、ひとつこれだけは漏らしてもいいと思うけど。つまり、9月の中間決算を発表するときに、この新製品についても、なんらかの具体的な発表をすることになっているんだよ。 |
| 山田 | そうですか。 |
| 小林 | しかし、山田さん、このことすら、社内でもまだ限られた人しか知らないことなんでね。絶対に外部に漏れないようにしてくださいよ [*2]。ひとつ内密に頼むよ [*3]。 |

| 山田 | ええ、よくわかっています。そうすると、上期というよりも、下期の業績に貢献<sup>こうけん</sup>するものと見ていいでしょうか。 |
|---|---|
| 小林 | うん、そういうふうに理解してもらってもいいと思うけどね。まあ、われわれはそう期待しているわけだけれども。いずれにしても、このような話は<u>慎重<sup>しんちょう</sup>に取<sup>と</sup>り扱<sup>あつか</sup>ってもらわなければ困るよ</u> *2。<u>くれぐれもあんたの頭の中だけに置いておいてくださいよ</u> *3。 |
| 山田 | その辺は、ご安心ください。長年、親しくお付き合いさせていただいている常務の信頼<sup>しんらい</sup>を失うようなことは、いたしませんよ。どうもありがとうございました。 |

Mr. Yamada, a securities analyst, is visiting Mr. Kobayashi, a managing director at Kanagawa Electric, in order to obtain information about a new product that the company is reported to have developed. Mr. Yamada and Mr. Kobayashi are on especially friendly terms, and they often exchange information.

| Yamada | Mr. Kobayashi, I'm sorry to take up your time when you are so busy. Today I would like to ask you confidentially about something. |
|---|---|
| Kobayashi | No need to apologize. After all, we're friends... Now, what is it? |
| Yamada | Well, to tell you the truth, a rumor has been going around the industry recently claiming that Kanagawa Electric is poised to bring out a revolutionary new product. |
| Kobayashi | Oh, really? |
| Yamada | And so today I thought that you might be able to speak frankly with me about that. |
| Kobayashi | I see. Anyway, I believe you have a nose for picking up bits of news from all over the place. Since we're a manufacturing company, it is a fact that we come up with new ideas almost every day. |
| Yamada | Yes, well, my antenna isn't very high, but it does seem that this time it is a very innovative product. |
| Kobayashi | I see, I see. Well, I can't say that you are completely off the mark. But this is one thing that I cannot even talk about to you, no matter how friendly I am with you. At least, not right now . . . . |
| Yamada | I don't think that you are at the stage today, where you can talk specifically about the type of product or its price. But how about it , for the sake of our friendship, if you just reveal to me something like when that new product will be released? |
| Kobayashi | Well, since you have provided me with so much information in the past, I think it would be all right to leak information just this once. In short, we've decided to announce something specific about this new product with the interim closing of our books in September. |
| Yamada | Really? |

| Kobayashi | However, Mr. Yamada, only a limited number of people know about this even within the company. **You must not allow this information to get out. Keep it confidential.** |
|---|---|
| Yamada | Yes, I certainly understand. In that case, am I correct to think that the product will contribute to your business results more in the second half of the fiscal year than in the first half? |
| Kobayashi | Yes, I think that such an understanding would be correct. Anyhow, that's what we're hoping. In any case, **I will be very unhappy if you do not handle this information carefully. Please keep it inside your own head.** |
| Yamada | No fears on that score. We've been friends for many years, and I would not do anything to lose your trust now. Thank you very much. |

## VOCABULARY

| | | |
|---|---|---|
| 親しい | したしい | intimate, friendly |
| 間柄 | あいだがら | relationship |
| 内々 | ないない | confidentially |
| 仲 | なか | relations |
| なんなりと | | anything |
| 画期的 | かっきてき | revolutionary, innovative |
| うわさ | | rumor |
| 腹を割った | はらをわった | frank |
| 鼻のきく | はなのきく | have a keen sense of smell, have a sharp nose for information |
| 的が外れる | まとがはずれる | off the mark |
| あんた | | you (informal) |
| 値段 | ねだん | price |
| 免じて | めんじて | for the sake of |
| 漏らす | もらす | leak |
| なんらかの | | some |
| このことすら | | even this (matter) |
| 絶対に | ぜったいに | absolutely |
| 内密に | ないみつ | confidentially |
| 業績 | ぎょうせき | business results |
| 貢献（する） | こうけん | contribute |
| 長年 | ながねん | long time |
| 慎重に | しんちょうに | carefully |
| 信頼 | しんらい | trust |
| 失う | うしなう | lose |

## ESSENTIAL EXPRESSIONS

### 1—Openings 「禁止の依頼」-切り出し

① 申し訳ありませんが／すみませんが

② 大変恐縮ですが

③ 失礼ですが

④ 言うまでも／申すまでもありませんが

① is commonly used as an opening to a negative request. ② and ③ are used similarly when speaking politely to customers or others. ④ is used to emphasize carefully a negative request when the other person already knows what shouldn't be done.

### EXAMPLES

■ 大変恐縮ですが、この枠を越えないようにしていただければありがたいんですが……。

**I am very sorry,** but I would be very grateful if you could not exceed this allocation.

■ 失礼ですが、今月末のお支払いはぜひ、遅れないようにお願いします。

**I'm sorry,** but please do not allow your payment to be late at the end of this month.

■ 言うまでもありませんが、これ以上の値引きはできませんから、絶対に譲歩しないようにしてください。

**It goes without saying that** we cannot discount any more than this, so make absolutely no concessions.

### VOCABULARY

| 枠 | わく | allocation |
| 支払い | しはらい | payment |
| 値引き | ねびき | price discount |
| 譲歩（する） | じょうほ | make a concession |

### 2—Negative Requests 「禁止の依頼」

① ～ないように（くれぐれも）ご留意ください

② （絶対に）～ないようにしてください（よ）

③ 慎重に取り扱ってもらわないと／もらわなければ困ります（よ）

① is a somewhat softer expression than ②. ③ is not really a negative request; instead, it is more a warning about how to treat something. All of these expressions can be used with regard to the handling of information, and they are also used when requesting confidentiality.

In Dialogue B between Yamada and the managing director, expressions ② and ③ are used in ways that reflect the speakers' relative degree of intimacy and the differences in their ages and job positions. In normal situations, these expressions would be as follows:

② 　～ないようにお願いいたします

③ 　慎重にお取り扱いいただきたいと思います

The managing director uses especially informal expressions to Yamada in Dialogue B. His choice of words indicates his friendly treatment of Yamada and emphasizes the strength of his trust for him. These expressions are often used when leaking secrets to other people intentionally.

## 3—Negative Requests: Confidentiality 「禁止の依頼」－守秘

① 　これは、ここだけの話にしておいてください

② 　ひとつ内密に頼みます（よ）

③ 　くれぐれも～の頭の中だけに置いておいてください

These expressions are used to ask that information not be leaked to others, especially information that has just been revealed in conversation. As shown in dialogues A and B above, the expressions shown here are more common than direct prohibitions when discussing the handling of information that is classified as secret. All of the above expressions have basically the same meaning.

Here again, the forms of expressions ② and ③ used in dialogue B between Yamada and the managing director reflect their personal closeness, ages, and positions. The usual forms of these expressions are:

② 　ひとつ（ご）内密にお願いします。

③ 　くれぐれも山田さんの頭の中だけに置いておいてください。

**I.** Every July there are personnel movements at Heisei Trading Company, but this year seems to be more drastic than usual and may even include staff cuts. Watanabe, a section chief in machine exports, goes to see Yoshida, head of the personnel section, to try and find out what is going to happen. Complete the following dialogue using patterns given in this lesson.

平成商事では、毎年7月に人事異動があるが、今年は人員削減も含めたかなり大幅な異動があるらしい。機械輸出課の渡辺課長は、人事課の吉田課長から情報を聞きだすために、人事課へ行った。

**渡辺** 今年の人事異動では、かなり大勢の人を動かす計画があるとか……。本当ですか。

**吉田** まあ、そんなうわさが社内の一部に流れているらしいですが、根拠のないうわさではありません。でも、このことはまだ社内でも公式に発表していませんので、＿＿＿＿＿＿＿＿＿＿、（「禁止の依頼」−切り出し）(Openings) ＿＿＿＿＿＿＿＿＿＿。（「禁止の依頼」−守秘）(Confidentiality)

**渡辺** ええ、よくわかっています。私としては、うちの課にどんな要求がくるか心配なわけですよ。特に今期はあまり業績もよくないし……。人員削減ということになりそうですか。

**吉田** 渡辺さんの気持ちはよくわかります。あまり具体的なことは、お話しできないんですが……。全社的に見て、従業員を10％ぐらい削減する、というトップの考えがあるようですが。でも、このことはまだ機密事項に属すことですから、＿＿＿＿＿＿＿＿＿＿。（「禁止の依頼」−守秘）(Confidentiality)

**渡辺** ええ、よくわかりました。

**吉田** くどいようですが、このような話が私の口から出たということになると困りますから、＿＿＿＿＿＿＿＿＿＿。（「禁止の依頼」−守秘）(Confidentiality)

**渡辺** 心配ありませんよ。ありがとうございました。

## VOCABULARY

| | | |
|---|---|---|
| 人事異動 | じんじいどう | personnel movement |
| 人員削減 | じんいんさくげん | staff cuts |
| 含む | ふくむ | include |
| 機械輸出課 | きかいゆしゅつか | machinery export section |

| 大勢 | おおぜい | many |
|---|---|---|
| 動かす | うごかす | transfer, move |
| 根拠 | こんきょ | basis |
| 公式に | こうしきに | officially |
| 今期 | こんき | this term |
| 全社的 | ぜんしゃてき | company-wide |
| 従業員 | じゅうぎょういん | employee |
| くどい | | persistent |

## II. Write out the following dialogues using patterns given in this lesson.

1 部長に平成商事のスミスさんから得た情報を伝え、内秘にするよう頼（たの）む。

2 近藤（こんどう）さんの工場に最近事故があった。製品の納入に問題がありそうだが、製品の納入時期は遅（おく）れないように依頼（いらい）する。

3 平成商事は、かねてからの計画であるアメリカのジャルタ社買収計画を実行に移すことにした。株式公開買い付けに先立って、担当者にこちらの動きを相手に知られないように情報を収集することを依頼（いらい）する。

**VOCABULARY**

| 実行に移す | じっこうにうつす | carry out |
|---|---|---|
| 株式公開買い付け | かぶしきこうかいかいつけ | takeover bid |

**III.** White from Showa Technology is trying to sell newly developed precision machinery to Nihon Industries. A competitor, Meiji Engineering and Development, has also tried to interest Nihon Industries in a similar product. It seems, however, that Nihon Industries has not yet decided which one to buy. White visits Mori, a general manager at Nihon Industries, to find out how negotiations are going with Meiji and to ask Mori to choose Showa's product. Write out the dialogue using patterns given in this lesson.

昭和テクノロジー社のホワイトさんは、新たに開発した精密機械を日本工業に売り込もうとしている。一方、競争相手の明治技術開発も同様の製品を売り込もうとしており、日本工業ではまだどちらとも決めていないらしい。ホワイトさんは、日本工業の森部長を訪ね、明治技術開発との交渉状況を探るとともに、昭和テクノロジー社の製品に決めてもらうように頼んだ。

ホワイト　日本工業の結論について質問。

森　　　　目下、検討中なので、もう少し待ってほしいと伝える。

ホワイト　日本工業が他社の製品も検討中であるといううわさについて確認。

森　　　　他社の機種も併せて検討中であることを伝え、守秘を依頼する。

ホワイト　了解し、そのうえで製品がどこのものか質問。

森　　　　明治技術開発社のものであることを伝えるが、この点についても守秘を依頼。

ホワイト　昭和テクノロジーの新機種がコストパフォーマンスの点では明治技術開発のものよりはるかに優れている点を強調。

森　　　　その点について一部否定。近いうちにさらに性能の向上した機種を発表するとの明治技術開発の動きを話す。

ホワイト　その点について具体的情報を森部長に求める。

森　　　　その質問については答えられないことを伝え、またこの話も慎重な取り扱いを依頼。

ホワイト　了解。

**VOCABULARY**

| | | |
|---|---|---|
| 売り込む | うりこむ | sell |
| 探る | さぐる | fish for information, sound out |
| 機種 | きしゅ | type of machine, model |
| 併せて | あわせて | both, additionally |
| はるかに優れる | はるかにすぐれる | far superior |

| 強調（する） | きょうちょう | emphasize |
| 否定（する） | ひてい | deny |
| 性能 | せいのう | performance |

## PRACTICE ANSWERS

## I.

渡辺　今年の人事異動では、かなり大勢の人を動かす計画があるとか……。本当ですか。

吉田　まあ、そんなうわさが社内の一部に流れているらしいですが、根拠のないうわさではありません。でも、このことはまだ社内でも公式に発表していませんので、<u>申し訳ありませんが、ひとつ内密に頼みますよ。</u>

渡辺　ええ、よくわかっています。私としては、うちの課にどんな要求がくるか心配なわけですよ。特に今期はあまり業績もよくないし……。人員削減ということになりそうですか。

吉田　渡辺さんの気持ちはよくわかります。あまり具体的なことは、お話しできないんですが……。全社的にみて、従業員を10%ぐらい削減する、というトップの考えがあるようですが。でも、このことはまだ機密事項に属すことですから、<u>これは、ここだけの話にしておいてください。</u>

渡辺　ええ、よくわかりました。

吉田　くどいようですが、このような話が私の口から出たということになると困りますから、<u>くれぐれも、渡辺さんの頭の中だけに置いておいてください。</u>

渡辺　心配ありませんよ。ありがとうございました。

## II.

1　部長、いまお話しした平成商事のスミスさんからの情報は、<u>恐縮ですが、部長の頭の中だけに置いておいてくださる</u>ようお願いいたします。

2　近藤さん、御社の工場の事故は、大変でしたね。いろいろ苦労されていることはよくわかります。このような時に<u>恐縮ですが、製品の納入は遅れないようにお願いできれば</u>と思います。

3　<u>言うまでもありませんが、</u>こちらの動きをジャルタ社に知られないように、慎重に情報収集をお願いします。

# III.

| | |
|---|---|
| ホワイト | かねてお願いしておりました、新しく開発した当社の機械についてのご結論はいかがでしょうか。 |
| 森 | ああ、その件でしたら、目下検討中なんですよ。もう少し待っていただけませんか。 |
| ホワイト | そうですか。ところで、ちょっとお聞きしてもよろしいですか。他社の製品についてもご検討中とのうわさがありますが、この点はいかがでしょう。 |
| 森 | ああ、そのことですか。じつは、他社の機種も併せて検討中なんですよ。しかしこのことは<u>ここだけの話にしておいてくれませんか</u>。 |
| ホワイト | はい、わかりました。ところで、それはどこの会社のものかお聞かせいただけませんでしょうか。 |
| 森 | じつは、明治技術開発さんのものも検討しています。この点は<u>くれぐれもホワイトさんの頭の中だけに置いておいてくださいよ</u>。 |
| ホワイト | どうもありがとうございます。ところで、ご承知のこととは存じますが、コストパフォーマンスでは当社のもののほうが明治技術開発さんのものより、はるかに優れているはずですので、この点をご考慮のうえ、お決めくださいませんか。特にお願いいたします。 |
| 森 | それは必ずしもそうとは言えないようですよ。明治技術開発さんも近いうちに、さらに性能の向上した機種を発表すると聞いていますが。 |
| ホワイト | えっ、本当ですか。どの程度、性能が向上したのを発表するんでしょうか。具体的な数字をお聞かせいただけませんか。 |
| 森 | それは、ちょっと……。<u>言うまでもありませんが</u>、この話も<u>慎重に取り扱ってもらわないと困りますよ</u>。 |
| ホワイト | その辺はご安心ください。十分注意いたします。 |

# Refusals
# 断り

## Dispatching Personnel
## 人材派遣

製造部長　なるほど……。確かに山田は大変有能ですし、彼のためにも大変いい機会だと思います。とにかく、これは社運をかけてのプロジェクトですからね。でも、残念ながら山田を今のプロジェクトからすぐ外すわけにはいかないんですよ。*2 申し訳ありませんがご承知のように今がいちばん大事な段階ですので。*1

企画部長　ええ、もちろんそのことは十分知っていますよ。その点をわきまえながらお願いしているんですが……。なんとかしていただけませんか。

製造部長　ご趣旨に添えなくて申し訳ありません。*2 勘弁してください。*2

企画部長　だめですか。なんとかもう一度ご検討いただけませんか。お願いします。*3

製造部長　そうですね、まあ、よく検討してみますが……。

平成産業は東南アジアに新工場を建設することになった。企画部長はその計画を推進するプロジェクトチームのリーダーを命じられている。そこで、企画部長はまず、そのプロジェクトチームを編成しなければならない。今日は、そのことで製造部長を訪ねた。

企画部長　今日はどうもお忙しいところ、お時間をとっていただいてありがとうございます。

製造部長　いえ、いえ。

企画部長　早速ですが、ひとつお願いがありましてね……。

製造部長　あ、そうですか。なんでしょうか。

企画部長　あるいは、すでにお聞き及びかもしれませんが、当社が東南アジアに新工場を建設する件ですが……。

製造部長　その件でしたら、うすうす聞いています。なかなか大きなプロジェクトのようですね。

企画部長　ええ、そうなんですよ。あの、まだ発表になっていませんが、私がそのプロジェクトチームのリーダーをやることになっているんですが……。当社が設計から施工まで全部やります。

製造部長　なるほど、それは大変ですね。ところで、ちょっとお尋ねしますがそのプロジェクトチームのメンバーはもう決まっているんですか。

企画部長　いや、そこなんですよ。いま、そのメンバーを考えているところなんです。そこでお願いなんですが、じつは、おたくの山田君をそのメンバーにと思いましてね、技術主任として。いかがですか。出していただけませんか。

製造部長　ええっ、とすると当然、現地へ長期派遣ということになるんですか。

企画部長　ええ、そういうことになります。

$H$eisei Industries has decided to build a new factory in Southeast Asia. The general manager of the Project Planning Department has been ordered to serve as leader of the team that will promote the project. He must first organize the project team, and that is why he is visiting the general manager of the Manufacturing Department today.

---

| | |
|---|---|
| Planning | Thank you very much for taking time out of your busy schedule today. |
| Manufacturing | Not at all. |
| Planning | Well, getting down to business, there is one thing that you can do for me. |
| Manufacturing | Oh, really? What is it? |
| Planning | It may have already reached your ears, perhaps, but we are going to build a new factory in Southeast Asia. |
| Manufacturing | If that's what you're talking about, I've vaguely heard something about it. It sounds like quite a big project. |
| Planning | Yes, it is. Uh, this hasn't been announced yet, but I'm going to be the project team leader. Our company is going to do everything from the design to the construction. |
| Manufacturing | I see. That's a big job. But let me ask you, have you chosen the members of your project team yet? |
| Planning | No. That's what I want to talk to you about. I'm thinking about the team members now. Actually, the favor I want to ask has to do with Mr. Yamada in your department. He would be the technical supervisor. What do you think of that? Can you let him go? |
| Manufacturing | So, in that case, he would of course be assigned long-term to the factory site? |
| Planning | Yes, that's what would happen. |
| Manufacturing | I see. It's true that Yamada is very capable, and this would be a very good opportunity for him. At any rate, the future of our company depends on this project. **Unfortunately, though, there is no way that** I can remove him from the project that he is now on. **I'm very sorry**, but as you know it is at a crucial stage now. |
| Planning | Yes, of course, I know that very well. While I am aware of that, I would still like to ask for your help. Isn't there anything you can do? |
| Manufacturing | I am sorry that I cannot do as you wish. Please forgive me. |
| Planning | So it's impossible? Can't you consider it again? Please. |
| Manufacturing | Well, I'll think about it, but... |

## VOCABULARY

| | | |
|---|---|---|
| 派遣（する） | はけん | dispatch, assign |
| 工場 | こうじょう | plant, factory |
| 命じる | めいじる | order |
| 編成（する） | へんせい | organize |
| 聞き及ぶ | ききおよぶ | hear |
| うすうす | | vaguely |
| 設計 | せっけい | design |

| | | |
|---|---|---|
| 施工 | せこう | execution (of work) |
| 全部 | ぜんぶ | whole |
| 技術主任 | ぎじゅつしゅにん | technical supervisor |
| 当然 | とうぜん | naturally, of course |
| 現地 | げんち | on-site |
| 長期派遣 | ちょうきはけん | long-term assignment |
| 有能（な） | ゆうのう | capable |
| 残念ながら | ざんねんながら | unfortunately, regrettably |
| わきまえる | | be fully aware of |
| 趣旨に添う | しゅしにそう | live up to one's expectation(s) |
| 勘弁（する） | かんべん | pardon, forgive, excuse |
| なんとか | | one way or another |

## ESSENTIAL EXPRESSIONS

### 1—Openings 「断り」－切り出し

① 残念ながら……

② （まことに）申し訳ありませんが……

③ せっかくですが……

④ すみません

⑤ あまりお役に立たなくて……

① should not be used in response to an instruction or request from a superior. ② and ③ are used to introduce refusals when you can sense that you will not be able to meet the other person's expectations. ③ is used particularly when declining a generous invitation or proposal. Often ① and ② are used in combination with ⑤. ② and ④ are also used to sum up refusals, as well as to introduce negative requests.

A　もう少し価格を下げていただけませんか。

B　<u>あまりお役に立たなくて申し訳ありませんが</u>、<u>残念ながら</u>これ以上はちょっと……。

A　Can't you lower the price a little bit more?

B　**I'm sorry that I cannot be more helpful to you, but unfortunately** (any further discount would be impossible).

A　この件は御社<sub>おんしゃ</sub>にとって将来大いにプラスになると思われますが、いかがでしょうか。

B　ありがとうございます。<u>せっかくですが</u>当社のほうにもいろいろと事情がありまして……。ちょっと……。

A　This will be a big plus for your company in the future. How about it?

B　Thank you very much. **We appreciate your kind offer,** but we have various reasons (for being unable to accept it).

## EXAMPLE

■ <u>すみません</u>。御社<sub>おんしゃ</sub>のご事情もよくわかりますが、当社といたしましてはこれがぎりぎりの線なんですが。

**I'm sorry.** While I understand your company's situation, I am afraid that this is the acceptable limit for our company.

## VOCABULARY

| 事情 | じじょう | condition, situation, reason |
|---|---|---|
| ぎりぎりの線 | ぎりぎりのせん | acceptable limit |

## 2—Direct Refusals　「断り」－直接

① <u>～わけにはいかないんです（が）</u>
② <u>ご趣旨<sub>しゅし</sub>に添<sub>そ</sub>えなくて申し訳ありません</u>
③ <u>勘弁<sub>かんべん</sub>してください／ご勘弁<sub>かんべん</sub>ください</u>
④ お断りします
⑤ ～かねます／～（は）できません
⑥ それは困ります
⑦ 再考の余地はありません

⑧　この話はなかったことにしてください

①, ②, and ③ are used to indicate apologetically that you cannot satisfy a request. ② is the most polite of these three patterns. ④, ⑤, and ⑥ express the refusal directly. ⑤ is a bit softer than ④, but the speaker's tone of voice can indicate that it is a strong refusal. ⑦ indicates a final, uncompromising refusal. Because ⑦ is so strong, you should be careful how you use it. ⑦ can be combined with ④, ⑤, or ⑥ to make an emphatic, final refusal. ⑧ is used to suggest that the parties start again with a clean slate, that is, they pretend that the matter had never been discussed.

## EXAMPLES

■ そのようなお話は、申し訳ありませんが、当社としてははっきりと<u>お断り</u><u>します</u>。

I'm sorry, but our company explicitly **refuses** to get involved in anything like that.

■ いろいろとお話は承りましたが、残念ながら、<u>この話はなかったことにし</u><u>ていただけませんか</u>。

While we have heard many proposals, unfortunately **I must ask you to just forget about this matter.**

## EXAMPLE DIALOGUES

A　今週中に翻訳をお願いできませんか。

B　残念ながらお引き受けいた<u>しかねます／お引き受けできません</u>。
時間がありませんので……。

A　Can you do the translation for us by the end of this week?

B　Unfortunately, **I am unable to accept** this job because I don't have enough time.

A　先日お願いした貴社の工場建設の件ですが、当社の資材を使っていただけませんか。

B　あの件については、もうお断りしたはずですが。<u>それは困ります。</u>

A　もう一度ご検討願えませんか。

B　残念ながら、<u>再考の余地はございません。</u><u>お断りいたします。</u>

A　Will you use our materials for your factory construction as I requested a few days ago?

B　I thought we already refused that proposal. **Please stop bothering us about it.**

A　Couldn't you please consider it again?

B　Unfortunately, **we have no leeway to reconsider. We refuse.**

| 翻訳（する） | ほんやく | translate |
| 貴社 | きしゃ | your company |

## 3—Indirect Refusals　「断り」－間接

① （よく）検討（は）してみます／します
② （よく）承(うけたまわ)っておきます
③ 見合わせたいと思います
④ ちょっと……
⑤ 〜ですから／ので……

In a Japanese business environment, people often use expressions that convey refusal indirectly rather than directly. ① is not always a refusal, so you must determine the speaker's real intention from the context. ② can almost always be regarded as a clear "no." ③ is used to indicate a negative position with regard to a request or invitation. ④ and ⑤ leave the actual refusal unstated, thus giving a sense of polite hesitation.

Often people make indirect refusals by giving other reasons why they cannot do something. The purpose is to avoid uncomfortable relations that might arise from a direct refusal.

These indirect refusals should be used with caution, as they can lead to misunderstanding later on.

### EXAMPLE

■ いろいろとご依頼(い らい)がありましたが、本日のところは<u>よく承(うけたまわ)っておきますので……</u>。

You have made many requests today, and **we will consider them carefully.**

### EXAMPLE DIALOGUES

A　当地で催される産業博覧会には、御社(おんしゃ)も是非(ぜ ひ)ご参加いただきたいと思いますが……。

B　いや、せっかくですが、こうした厳しい経済状態がまだまだ続くことが予想されますし、残念ながら、この件、<u>見合わせたいと思いますので……</u>。

A　We hope that your company will be able to participate in the industrial exhibition that is to be held here.

**B** We appreciate the offer, but we expect these difficult economic conditions to continue for some time. Unfortunately, **we will have to forego participating.**

**A** 先日お願いした件はどうなっておりますでしょうか。

**B** そうですね、その件は当社の内部事情もありまして、<u>ちょっと……</u>。

**A** What has happened with the request we made recently?

**B** Well, for internal reasons at our company (**we cannot comply**).

## VOCABULARY

| 当地 | とうち | here, this area |
|---|---|---|
| 催す | もよおす | hold (a meeting) |
| 産業博覧会 | さんぎょうはくらんかい | industrial exhibition |
| せっかくですが | | in spite of your kindness |
| 見合わせる | みあわせる | give up, abandon, forego |
| 内部事情 | ないぶじじょう | internal reason |

## 4—Summing Up 「断り」-まとめ

① 申し訳ありません

② すみません

① and ② are often used to sum up both direct and indirect refusals.

## PRACTICE

I. Complete the following dialogues using patterns given in this lesson.

1

課長　こんどの日曜日、うちへ遊びに来ませんか。

課員　(「断り」-切り出し)
　　　(Openings)

　　　理由：得意先とゴルフの約束がある

2

A　　この間お願いした件、なんとかお受けいただけませんか。

B　　(「断り」-切り出し) ＋ (「断り」-直接) ＋ (「断り」-まとめ)
　　　(Openings)　　　＋　(Direct Refusals)　＋　(Summing Up)

3

セールスマン　今回の特売商品についてですが、50ケースばかり引き受けていただけませんか。

販売店(はんばいてん)　（「断り」－間接）　＋　（「断り」－まとめ）
(Indirect Refusals)　＋　(Summing Up)

**VOCABULARY**

特売　　とくばい　　special sale

## II. Complete the following dialogues using patterns given in this lesson.

1

課長　カザルスさん、急ぎの用が入ったので、今晩残業してもらいたいんですがね。

カザルス　（「断り」－切り出し）　＋　（「断り」－間接）
(Openings)　＋　(Indirect Refusals)

理由：今晩友達の結婚(けっこん)パーティーに招待されている。

2

課長　フィリップスさん、今日の午後、アメリカからお客さんが成田に着くんですが、空港まで迎(むか)えに行ってくれませんか。

フィリップス　a.（「断り」－切り出し）　＋　（「断り」－直接）ソフトな表現で
(Openings)　＋　(Direct Refusals)

b.（「断り」－切り出し）　＋　（「断り」－間接）　＋　（「断り」－まとめ）
(Openings)　＋　(Indirect Refusals)　＋　(Summing Up)

理由：今日の午後はA社の青木さんと重要な打ち合わせの予定がある。

3

同僚(どうりょう)　ゾンタークさん、ちょっとお願いします。手があいていたらこれをチェックしてくれませんか。

ゾンターク　a.（「断り」－切り出し）　＋　（「断り」－直接）
(Openings)　＋　(Direct Refusals)

b.（「断り」－切り出し）　＋　（「断り」－間接）　＋　（「断り」－まとめ）。
(Openings)　＋　(Indirect Refusals)　＋　(Summing Up)

理由：いま、ちょっと手が離(はな)せない。

| 招待（する） | しょうたい | invite |
| 打ち合わせ | うちあわせ | meeting |
| 手が離せない | てがはなせない | be tied up |

## III. Mr. Yamada from Heisei Trading is negotiating a price with you. Although you have offered him a 3 percent discount last time, he is now demanding a 5 percent discount. This is as far as you can go.

価格交渉をしている平成商事の山田さんはあなたに、さらに５％の値引きを要求してきたが、あなたは前回すでに３％の値引きをしているので、これ以上の値引きに応じることができない。

1　Make a direct refusal to Mr. Yamada's request.

2　Make an indirect refusal to Mr. Yamada's request.

## IV. Write out two dialogues each for situations 1 through 4 below: a should be a direct refusal and b should be an indirect refusal.

1　（同僚の）田村部長は急に社長に呼ばれて、今日の午後２時から経団連で開かれる会議に行けなくなった。田村部長はあなたに自分に代わって行ってほしいと頼んだ。
　　断る理由：同じ時間に部内会議が予定されている。

2　あなたは明日から一週間出張する予定になっているが、高木部長は現在進めている仕事で、どうしてもあなたの協力が必要である。高木部長はあなたに出張の予定を延ばすように頼んだ。
　　断る理由：重要な用件なので出張は変更できない。

3　山下商事は平成商事に今月末に支払わなければならない金額がある。ところが山下商事の資金繰りが悪化したため、同社の財務部長が支払期日を１ヵ月延ばしてほしいと頼んできた。
　　断る理由：前回も支払いが遅れているので、さらにこれ以上の遅れを認めることができない。

4　平成商事はアメリカのウィリアムズ社との特許権使用契約がある。この契約は今年12月で切れることになっている。アメリカのウィリアムズ社の弁護士がこの期間を、もう3年延長してほしいと頼んできた。
　　断る理由：これ以上契約を続けるメリットがない。

## VOCABULARY

| 経団連 | けいだんれん | Japan Federation of Economic Organizations (Keidanren) |
|--------|------------|------------------------------------------------|
| 資金繰り | しきんぐり | cash management |
| 悪化（する） | あっか | get worse |
| 特許権 | とっきょけん | patent right |
| 使用契約 | しようけいやく | lease contract |
| 切れる | きれる | expire |
| 弁護士 | べんごし | lawyer |

## PRACTICE ANSWERS

## I.

1 ありがとうございます。<u>申し訳ありませんが</u>、今度の日曜日は得意先とゴルフの約束がありまして……。

2 <u>申し訳ありませんが、お受けするわけにはいかないですよ。すみません。</u>

3 <u>ちょっと今回は……。申し訳ありません。</u>

## II.

1 <u>すみません。</u>じつは今晩、友達の結婚パーティーに招待されているものですから<u>ちょっと……</u>。

2
　a. <u>すみませんが今日の午後、A社の青木さんと重要な打ち合わせの予定がありますので、ご勘弁ください。</u>

　b. <u>申し訳ありませんが</u>、じつは、今日の午後A社の青木さんと重要な打ち合わせの予定がありますので、<u>ちょっと……</u>。<u>すみません。</u>

3
　a. <u>すみません。</u>いま、<u>手が離せないんです。勘弁してください。</u>

　b. 申し訳ありません。いま、<u>ちょっと……</u>。<u>すみません。</u>

## III.

1　<u>残念ながら</u>、前回すでに3%の値引きをしておりますので、もうこれ以上の値引きについては<u>再考の余地はありません</u>。<u>申し訳ありません</u>。

2　前に3%の値引きをしておりますし……。<u>よく検討してみますが</u>……（まことに）<u>申し訳ありません</u>。

## IV.

1

a. <u>勘弁してください</u>。私も同じ時間に部内会議が予定されているもんですから。

b. じつは、私も同じ時間に部内会議があるもんですから……。<u>すみません</u>。

2

a. ああ、<u>それは困ります</u>。こんどの出張は大変重要な用件で、どうしても予定変更はできないんですよ。すみません。

b. <u>残念ながら</u>、明日からの出張は大変重要な用件なので……。申し訳ありません。

3

a. そうですか。しかし、前回もお支払いが遅れていますし、<u>申し訳ありませんがそれはお断りします</u>。<u>再考の余地はありません</u>。

b. そうですか。前回も御社のお支払いが遅れていますし、今回も遅れるということでは……どうも……。<u>検討はしてみますが、ちょっと……</u>。

4

a. <u>残念ながら</u>この件、契約をさらに延長するメリットが当社にはないと判断しておりますので、これ以上の延長は考えておりません。<u>ご趣旨に添えなくて申し訳ありません</u>。

b. この件、当社でも十分検討しております。しかし、この契約をさらに延長するメリットは当社にあまりないように思います。<u>お申し出はよく承っておきますが……</u>。

# Lesson **12**

第12課

## Review Lesson 3

### 総合練習—3

I. The general manager of the Public Relations Office at Taisho Foods has been ordered by his managing director to explain the budgetary difficulties with the cookbook photographs to Mr. Goto, a photographer. As Mr. Goto was at college with the president, he may say that he is willing to continue working for a cheaper fee. The general manager, however, would prefer to use this opportunity to commission a younger photographer. Write out the following dialogue using the patterns that you have studied. (Use the text in quotation marks「」without change.)

大正食品の広報室長は常務の命令で、写真家の後藤先生に、クッキングブックの写真の撮影が予算上困難になったことを伝えることになった。後藤先生は社長と大学が同窓なので、安くても仕事を続けると言うかもしれない。しかし、広報室長は、この際若いカメラマンを起用したいと思っている。

広報室長　・予算削減のため後藤先生への写真撮影の依頼が難しくなったことを述べる。
　　　　　（「依頼」－切り出し）＋（「断り」－切り出し）＋（「断り」－直接）
　　　　　(Requests: Openings)　＋　(Refusals: Openings)　＋　(Direct Refusals)

後藤　　　・社長とは大学が同窓で親しい仲でよく会っている。だから代理店経由で率直にまけろと言ってくれればいい。

広報室長　・「それとこれとは別のことです。」
　　　　　（「断り」－直接）
　　　　　(Direct Refusals)

後藤　　　・ギャラは予算に合わせるから、予算を聞かせてほしい。
　　　　　（「依頼」－動作・行為）
　　　　　(Requests: Actions and Behavior)

広報室長　・「そんなことをすれば私が社長にしかられてしまいます。」
　　　　　（「断り」－直接）
　　　　　(Direct Refusals)

後藤　　　・「そうですか。あなたの立場もいろいろおありのようですから、それならば、今回の件、了解いたしましょう。」

広報室長　・先生の気持ちは社長に伝える。
　　　　　（「断り」－まとめ）
　　　　　(Refusals: Summing Up)

## VOCABULARY

| | | |
|---|---|---|
| 引用（する） | いんよう | quote |
| 先生 | せんせい | Mr. |
| 代理店 | だいりてん | (advertising) agency |
| 経由 | けいゆ | via |
| まける | | give a discount |

**II.** Mr. Clarke, the head of accounts at Connel, Inc., goes to see Mr. Maeda, the branch manager of Tozai Bank, to request financing for factory construction. Write out the following dialogue using the pattern that you have studied.

コネル社の経理課長クラークさんが、東西銀行の前田支店長に、工場建設のための融資を依頼に来た。

クラーク　訪問の目的を説明し、工場建設の融資を依頼する。
　　　　　（「依頼」－切り出し」）
　　　　　(Requests: Openings)

前田　　　貸出基準が厳しくなっていることを理由に、よほどいい担保がないと融資は難しいと断る。
　　　　　（「確認」－切り出し）＋（「断り」－直接）
　　　　　(Confirmation: Openings) + (Direct Refusals)

クラーク　最近日本に進出したばかりで、まだメインバンクとして取引のある銀行がないのでなんとかしてくれと粘る。
　　　　　（「依頼」－強い依頼）
　　　　　(Strong Requests)

前田　　　担保について質問する。
　　　　　（「質問」－切り出し）
　　　　　(Questions: Broaching Questions)

クラーク　工場用地を担保にする。
　　　　　（「質問」－確認）
　　　　　(Questions: Confirmation)

前田　　　躊躇のようすを見せて断る。
　　　　　（「断り」－間接）
　　　　　(Indirect Refusals)

クラーク　融資を受ける方法はないものかと聞く。
　　　　　（「依頼」－強い依頼）
　　　　　(Strong Requests)

| 前田 | （「断り」-切り出し）+（「断り」-直接） |
|---|---|
| | (Refusals: Openings) + (Direct Refusals) |

| クラーク | さらに強い要請をする。 |
|---|---|
| | （「依頼」-強い依頼） |
| | (Strong Requests) |

| 前田 | 親会社の連帯保証の可能性について聞く。 |
|---|---|
| | （「依頼」-動作・行為） |
| | (Requests: Actions and Behavior) |

| クラーク | 早速、親会社と検討する。 |
|---|---|
| | （「依頼」-まとめ） |
| | (Requests: Summing Up) |

## VOCABULARY

| 経理課長 | けいりかちょう | chief of Accounting Section |
|---|---|---|
| 貸出基準 | かしだしきじゅん | loan criteria |
| よほど | | remarkably |
| 粘る | ねばる | stick to |
| 工場用地 | こうじょうようち | factory site |
| 躊躇 | ちゅうちょ | hesitation |
| 親会社 | おやがいしゃ | parent company |

## I.

| | |
|---|---|
| 広報室長 | <u>今日は貴重なお時間をいただきましてありがとうございます。</u>かねてご依頼申しあげておりますクッキングブックのことで参りました。 |
| 後藤 | ああそうですか。なんでしょうか。 |
| 室長 | <u>まことに申し訳ありませんが、</u>最近の経済事情で、予算のほうが大幅に削減されたために、先生に引き続いて写真をお願いする<u>わけにはいかなくなってしまったんですよ。</u> |
| 後藤 | そんなことでしたら、代理店経由でお話しくだされば<u>すむことです。ご承知のように、</u>お宅の山田社長とは大学が同窓でよく会っている仲なんです。だから、代理店からいくらにまけろとおっしゃってくだされ<u>ばいいんですよ。</u> |
| 室長 | それとこれとは別のことです。<u>そういうわけにはいきません。</u> |
| 後藤 | ギャラは予算に合わせますよ。なんとか予算をお聞かせ<u>ください。</u> |
| 室長 | そんなことをすれば、私が社長にしかられてしまいます。<u>勘弁してください。</u> |
| 後藤 | そうですか。あなたの立場もいろいろおありのようですから、それならば今回の件、了解いたしましょう。 |
| 室長 | ご了解いただいてどうもありがとうございました。先生のお気持ちはよく社長に伝えますので……。どうも<u>申し訳ありませんでした。</u> |

## II.

| | |
|---|---|
| クラーク | <u>貴重なお時間をいただきまして、ありがとうございます。じつは、</u>こんど私どもの会社で工場を建設しようという話がありまして、建設資金の融資をお願いに参りました。 |
| 前田 | それはどうも……。<u>ご承知のように、</u>いま銀行も貸出基準がなかなか厳しくなっておりましてね。よほどいい担保がないと、<u>ご融資するわけにはいかないんですが……。</u> |
| クラーク | 私どもは最近日本に進出したばかりで、まだメインバンクとして取引のある銀行がないものですから、<u>なんとかご無理をお願いできませんでしょうか。</u> |
| 前田 | <u>ひとつお聞きしますが、</u>担保については？ |
| クラーク | 工場用地を担保に<u>するということでいかがでしょうか。</u> |
| 前田 | うーん、それは<u>ちょっと……。</u> |

クラーク　そこをなんとかご融資いただけませんでしょうか。

前田　　　せっかくですが、ご趣旨に添えなくて申し訳ありません。

クラーク　なんとかご無理をお願いできませんでしょうか。

前田　　　そうですね、それでは親会社の連帯保証をお出しいただければ……。

クラーク　そうですか、それでは早速、親会社と検討いたします。お忙しい中、お時間をいただきありがとうございました。

# Laying the Groundwork

## 根回し

### A Proposal for a New Supertanker

大型新造船に関する議案

# 「根回し」について

「根回し」とは本来、木を植え替えるときの方法である。木を植え替える前に、幹を中心にして地下に広がった根を、ある長さで切断し、そこから細い根を発生させ、それから植え替える。これをあらかじめきちんとやっておかないと、移植がうまくいかずにその木が枯れてしまう。そこで、「根回し」は「交渉や会議がうまく運ぶように、事前に関係者のコンセンサスを作りあげる過程」を意味するようになった。根回しの過程で、関係者の合意が得られるように修正がおこなわれることもあり、そのため、ともすれば最終合意に至るのに時間がかかる場合が多い。しかし、いったん決定されたら、その実行は速い。それは根回しの段階で準備が整えられていくからである。

根回しを終えると企業の場合、提案の内容に基づいて通常、稟議システムという社内文書システムを経て関係者に書類が回され、承認を得るようになっている。「根回し」「稟議システム」はそれぞれの企業によって、その組織風土、歴史などによって異なっているが、重要なシステムである。日本の社会は集団決定とコンセンサスで動くことが多いので、この点をよく理解しておく必要がある。

この課では社内での根回しの実際がわかるように、「大型新造船に関する議案」のケースについての会話文を示した。根回しは社内だけでなく、社外で多くの関係者の合意を得て進めなければならないような場合にも、大変有効である。

# An Introduction to *"Nemawashi"*

*Nemawashi* originally referred to a method used when transplanting trees. Before planting, the roots extending from the trunk underground are trimmed to a certain length to let smaller roots grow in place. The tree is then transplanted. If this is not carried out properly beforehand, the transplanting will not be successful and the tree will die. From here, *nemawashi* has taken on the additional meaning of "a process for reaching a consensus in advance so that negotiations and meetings will run smoothly." During the *nemawashi* process, plans may be revised in order to obtain the agreement of the people involved, and so it sometimes takes a long time to reach a final agreement. Once an agreement is reached, however, implementation proceeds quickly, because the groundwork has already been laid during the *nemawashi*.

At companies, when the *nemawashi* is over, a proposal is usually circulated among the people involved for prior approval. This internal document system is called the *"ringi* system". Although *nemawashi* and *ringi* systems may vary from organization to organization depending on their corporate culture and history, they are both important systems. It is crucial to understand them well, since Japanese society is often driven by group decision-making and consensus building.

To help you understand how *nemawashi* actually works at a Japanese company, this lesson presents several conversations about a proposal to build a new supertanker.

*Nemawashi* is also very effective when agreement must be obtained from people both inside and outside a company.

# VOCABULARY

| | | |
|---|---|---|
| 本来 | ほんらい | originally |
| 植え替える | うえかえる | transplant |
| 方法 | ほうほう | method |
| 幹 | みき | trunk |
| 根 | ね | root |
| 切断（する） | せつだん | cut, trim |
| 発生（する） | はっせい | grow |
| 移植（する） | いしょく | transplant |
| 枯れる | かれる | wither, die |
| 事前 | じぜん | before, prior to |
| 過程 | かてい | process |
| 合意 | ごうい | agreement |
| ともすれば | | sometimes |
| 至る | いたる | reach |
| 修正 | しゅうせい | correction, revision |
| いったん | | once |
| 整える | ととのえる | make ready |
| 稟議 | りんぎ | the process of obtaining approval for a plan from senior executives by circulating a draft proposal prepared by the staff lower down in the organization |
| 経る | へる | through |
| 回す | まわす | circulate |
| 承認（する） | しょうにん | approve |
| 組織 | そしき | organization |
| 風土 | ふうど | culture |
| 実際 | じっさい | actual situation |
| 大型 | おおがた | large size |
| 造船 | ぞうせん | shipbuilding |
| 議案 | ぎあん | proposal |
| 関係者 | かんけいしゃ | persons (parties) involved |
| 有効 | ゆうこう | effective |

# 大型新造船に関する議案

大正石油会社の供給計画部は、かねてから原油の輸送コストを軽減するため、老朽化した大型タンカーを、さらに大きい新造船に置き換えることを検討していた。近くその案は常務会に提出されることになっているが、それに先立って、関係各部に根回しをする。

## 場面1 「供給計画部内の打ち合わせ」

マイヤーズ 来年度の大型船建造に関する計画案なんですが、これが先週おこなわれた部内検討に基づいて修正されたものです。

鈴木 それはご苦労さま。これを正式に常務会に提出する前に、まず財務部の阿部部長と企画部の田中部長に根回しをしなければね。マイヤーズさんは田中部長のほうをお願いします。

マイヤーズ そうですね、事前に関係者によく説明しておくことが効果的ですね。

鈴木 そのとおりです。阿部部長のほうは私がやりましょう。この企画は金額が大きいですから、財務部長の了解も十分得ておかないとね。

マイヤーズ わかりました。それでは、明日の午後、企画部に行ってきます。

鈴木 そうですか。関係各部とだいたいの調整がすんだところで、稟議書を作ることにします。じゃ、お願いします。

# Proposal for a New Supertanker

For some time, the Logistics Department of Taisho Oil Company has been studying the construction of a newer and larger vessel to replace its aging supertanker and reduce the transportation costs for crude oil. Soon the Logistics Department will submit its proposal to a managing directors' board meeting, but first they are laying the groundwork with all the relevant departments.

### Situation 1: A Meeting in the Logistics Department

**Myers** This is our proposal for the construction of a new supertanker during the next fiscal period. It was revised during the departmental study conducted last week.

**Suzuki** Thank you. Before we formally submit this to the board, we first need to "lay the groundwork" with Mr. Abe, the general manager of the Financial Department and Mr. Tanaka, the general manager of the Project Planning Department. I'd like you to handle Mr. Tanaka.

**Myers** Fine. It will be effective to explain this thoroughly to all those involved beforehand.

**Suzuki** Precisely. I'll handle Mr. Abe. This project carries a high price tag, so we cannot afford to not get the approval of the manager of the Financial Department.

**Myers**    I understand. I'll go to the Project Planning Department tomorrow afternoon.

**Suzuki**    Fine. We'll draft the *ringi* documents after we have finished making arrangements with all the relevant departments.

## VOCABULARY

| | | |
|---|---|---|
| 供給計画部 | きょうきゅうけいかくぶ | Logistics Department |
| 原油 | げんゆ | crude oil |
| 輸送（する） | ゆそう | transport |
| 軽減（する） | けいげん | reduce |
| 老朽化 | ろうきゅうか | become too old for work (use) |
| 置き換える | おきかえる | replace |
| 建造 | けんぞう | construction |
| 計画案 | けいかくあん | draft of a plan / proposal |
| 調整 | ちょうせい | adjustment, arrangement |
| 稟議書 | りんぎしょ | documentation that is circulated among senior executives to obtain approval for a plan |

## 場面2　「阿部財務部長の部屋で」

**鈴木**　ただいまご説明いたしましたように、当社の船も老朽化して能率も下がっています。そこで、私どもの案は、この際、輸送コストを軽減するため大型新造船と置き換えようというものです。

**阿部部長**　なるほど、その場合、その大型船を自社保有にするか、または海運会社から同じような船を用船したほうがいいか、検討しましたか。資金繰りには相当の差がありますからね。

**鈴木**　もちろん、いたしました。現在の運賃レートの見通しから見ても、自社保有のほうが、長期的には有利だという計算です。これをごらんください。

**阿部部長**　ところで、新しく作る大型船のサイズの決定については、どう考えましたか。

**鈴木**　はい、その点については現在の技術的な面と、コストの両面から検討した結果です。

**阿部部長**　なるほど。だいたいよい方向に向かっているようですが、さらによく検討しますから資料を置いてってください。

**鈴木**　ありがとうございます。よろしくお願いいたします。

### Situation 2: In the office of the Financial Department's General Manager

**Suzuki**   As I just explained, our ship is getting old and its efficiency is falling. Thus, my proposal is to replace it with a new supertanker that will reduce transportation costs.

**Abe**   I see. In that case, did you study whether we should have a company-owned supertanker or charter a similar ship from a shipping company, because there's a substantial difference in cash management.

**Suzuki**   Of course we did. Based on the current forecast for freight rates, we calculated that corporate ownership would be more profitable in the long run. Take a look at this.

**Abe**   And another thing. How did you decide what size supertanker we should build?

**Suzuki**   Indeed. Our results are based on a study that takes into account both current technological and cost factors.

**Abe**   I see. Well, it looks like you're generally moving in the right direction. Could you leave the materials with me, so I can take a more thorough look?

**Suzuki**   Thank you very much. I appreciate your cooperation.

## VOCABULARY

| 能率 | のうりつ | efficiency |
|------|---------|------------|
| 自社保有船 | じしゃほゆうせん | company-owned vessel |
| 海運会社 | かいうんがいしゃ | shipping company |
| 用船 | ようせん | charter ship |
| 運賃 | うんちん | freight |
| 長期的 | ちょうきてき | in the long run |

## 場面3「根回しの後で」

**マイヤーズ**　田中部長は積極的に賛成してくださいましたが、阿部部長はいかがでしたか。

**鈴木**　そうですね、資金繰りを少し気にしておられたが、基本的には前向きに受け止めておられたので、支持していただけると思いますがね。

**マイヤーズ**　こんな経済状態だから、阿部部長もずいぶん慎重ですが、いつも長期的視野でものを考えられる方だから……。

**鈴木**　では、早速、稟議書を作ってできるだけ早く関係方面に回してください。ご苦労さまでした。

**マイヤーズ**　わかりました。そのようにいたします。

## Situation 3: After the Nemawashi

**Myers**    Mr. Tanaka was very positive in his support. How was Mr. Abe?

**Suzuki**    Well, he seemed a little concerned about cash management, but overall he received the proposal favorably. I think we can count on his support.

**Myers**    In this economic situation, Mr. Abe is very cautious, but as he always takes the long-range view....

**Suzuki**    Right, now draft the *ringi* documentation and circulate it to all the relevant parties as soon as possible. Thank you.

**Myers**    I understand. I'll get right on it.

## VOCABULARY

| | | |
|---|---|---|
| 気にする | きにする | be concerned |
| 前向きに受け止める | まえむきにうけとめる | consider (receive) favorably |
| 支持（する） | しじ | support |
| 経済状態 | けいざいじょうたい | economic situation |
| 長期的視野 | ちょうきてきしや | long-range view |

## 場面4「常務会の後で」

マイヤーズ　われわれの企画案が承認されてよかったですね。

鈴木　　　そうですね。事前によく根回しをしておいたから、関係者がよく問題点を理解していたのがよかったんですよ。

マイヤーズ　特に阿部部長と、財務担当役員の支持が決定的でしたね。

鈴木　　　確かに。もしあの支持がなかったら、この案はどうなったかわかりませんよ。やはり、根回しをした効果がありました。どうもご苦労さまでした。

## Situation 4: After the Managing Directors' Board Meeting

**Myers**    I'm glad that our proposal was approved.

**Suzuki**    So am I. We were right to lay the groundwork in advance so that all involved could understand the key factors.

**Myers**    The support from Mr. Abe and the director in charge of finance, in particular, was decisive.

**Suzuki**    That's right. If we didn't have their support, I don't know what would have happened to this proposal. Laying the groundwork really was effective after all. Thanks for all of your help.

| 担当役員 | たんとうやくいん | director in charge of |
| 決定的 | けっていてき | decisive |

## PRACTICE

**I.** Write out the following dialogue using the patterns that you have studied.

マイヤーズ計画課長は、企画部の田中部長のところに根回しに行った。

**マイヤーズ**　会社のタンカーが老朽化したので、輸送コスト削減のために大型新造船と置き換えたい。
（「依頼」－切り出し）＋（「意見を述べる」－提案）
(Requests: Openings) ＋ (Expressing an Opinion: Making a Proposal)

**田中**　基本的に賛成だが、金額が大きいので財務部の反対を受ける恐れがある。まず財務部長と財務担当役員の了承を取っておいたほうがいい。
（「意見を述べる」－切り出し）＋（「意見を述べる」－賛成）＋
（「意見を述べる」－懸念）＋（「意見を述べる」－主張）
(Expressing an Opinion: Openings) + (Expressing an Opinion: Agreeing)
+ (Expressing an Opinion: Showing Fear or Worry) +
+ (Expressing an Opinion: Making an Assertion)

**マイヤーズ**　阿部財務部長には今日鈴木次長が説明に行っているが、財務担当役員には阿部部長経由の根回しがいいと考えている。
（「意見を述べる」－軟主張）
(Expressing an Opinion: Making a Weak Assertion)

**田中**　了承。稟議は来週の経営会議にかかると考えていいか。
（「確認」－先方の見解・理解）
(Confirmation: Asking for the Other Party's Understanding)

**マイヤーズ**　そのとおりだ。（「依頼」－まとめ）
(Request: Summing Up)

VOCABULARY

| タンカー | | tanker |
| 恐れ | おそれ | fear |
| かかる | | be submitted to |

**II.** At tomorrow's internal communications meeting, Mr. Shiraishi, a section chief, has to present his department's marketing plans for the next fiscal period. Advertising costs will have to go up by some 30% to promote a new product that promises to increase turnover by 25%. Fond of fight budget controls, Mr. Ono, the general manager of the Accounts Department, is likely to oppose any increases in advertising expenditure. Mr. Shiraishi's marketing plan will only really work with the necessary advertising investment. Indeed, the future of the company rests on the success of this new and innovative product. Mr. Shiraishi decides, then, that he had better do some *nemawashi* with Mr. Ono. Write out the following dialogue using the patterns that you have studied.

白石課長は、明日社内連絡会議で、来期マーケティング計画の説明をすることになっている。経理部の小野部長は、予算管理に厳しいので、広告費の増額に対して反対する恐れがある。そこで、白石課長は、小野部長のところに根回しに行くことにした。

小野部長に事前に耳にいれておくべきこと。

1　白石課長の部の広告費は今期より30％増になるが、新製品の売り上げは部の売り上げの25％増にしか貢献しない。

2　しかし、新製品を来期に発売し、広告投資をすることはマーケティング戦略上どうしても必要なので、先行投資と考えて、なんとか広告費の増加をこのまま認めてほしい。

3　この新製品は、将来会社の主力となる画期的な製品である。

## VOCABULARY

| | | |
|---|---|---|
| 来期 | らいき | next term |
| 予算管理 | よさんかんり | budget control |
| 厳しい | きびしい | severe |
| 広告費 | こうこくひ | advertising costs |
| 増額 | ぞうがく | increase (in amount) |
| 耳にいれる | みみにいれる | inform |
| 先行投資 | せんこうとうし | advance investment |

## III. Answer the following questions about how 「根回し」 is done in your country.

日本企業ではよく根回しがおこなわれますが、あなたの国では「根回し」、またはこれに近いことをしますか。
あなたは根回しについてどう思いますか。

1 根回しをおこなった場合の好ましくない点について、考えてください。

2 根回しのよいところは、どんなところでしょう。

3 あなたの国では、議案を最高決定機関にかける場合、どのような手順を踏みますか。

### VOCABULARY

| 好ましい | このましい | favorable |
| 手順を踏む | てじゅんをふむ | follow procedure |

## PRACTICE ANSWERS

### I.

| マイヤーズ | 貴重なお時間をいただきまして、ありがとうございます。じつは、当社のタンカーが老朽化いたしましたので、輸送コスト削減のために大型の新造船と置き換えたいと思うんですが、いかがでしょうか。 |
| 田中部長 | 私としては基本的には賛成ですが、金額が大きいので財務部の反対を受ける恐れがあります。まず財務部長と担当役員の了承を取っておいたほうがいいと思うんですがね。 |
| マイヤーズ | 阿部財務部長には、今日うちの次長の鈴木が説明に伺っております。担当役員には阿部部長のほうからご説明いただいたほうがいいんじゃないかと思われますが。 |
| 田中部長 | わかりました。稟議は来週の経営会議にかかるということですね。 |
| マイヤーズ | はい、そうです。よろしくお願いします。 |

## II.

白石課長　今日はお忙しいところ、貴重なお時間をいただき、ありがとうございます。じつは、明日の会議に提出する予定の新製品の広告予算についてなんですが、お手元に差し上げた資料にもありますように、当部広告予算の30％増になっております。企業情勢の厳しいなか、まことに申し訳ありませんが、なんとかお認めいただきたいと思いまして、ご説明に伺ったんです。来期だけみますと私共の部の売り上げには25％増しか貢献しませんが、それ以降は当社の主力製品となり、売り上げに大きく貢献し、当社の柱となる画期的な製品です。いわば先行投資と考えて、来期の広告費30％増をなんとかお認めくださるようお願いいたします。

＊　　　　　　＊　　　　　　＊

［以下参考例］

小野部長　事業部の人は発売時点ではいつでも画期的、画期的と言って翌年以降あまり売れなくても、なんとか言い逃れるので、全く油断ならないんですよ。もし来年以降予想どおり売れなかったときには、どうするつもりですか。

白石　　　その場合には広告費予算を次の予算から削っていただくということでいかがでしょうか。

小野　　　厳密に言えば、来期とそれ以降は年度が違うんで、そういうやり方はおかしいんだけど。まあ、しかたがないでしょう。そのやり方はお宅の部長も了承されているわけですね。

白石　　　はい、了承しております。

小野　　　じゃあ、明日の会議でも、皆の前ではっきり言ってくださいよ。

白石　　　はい、承知しました。

## VOCABULARY

| 言い逃れる | いいのがれる | evade, talk one's way out of |
|---|---|---|
| 油断ならない | ゆだんならない | have to be careful, cannot make any mistakes |
| 厳密に言えば | げんみつにいえば | strictly speaking |
| しかたがない | | nothing to do with me |

# Negotiation

## 交渉

### Making a Deal

商談成立

ブラウン　ええっ！　それは……。あの価格はもう、ぎりぎりの線でお出ししたもので……。それはとても……。価格もなんですが、それ以外の条件なども含めてご考慮のうえ、なんとかご配慮いただけませんか。[*2]いかがでしょう。[*3]

ケース1　「商談成立の可能性の低い場合」

林　そうですか。あの価格が御社の限界となると、なかなか難しい問題ですね。当社としては、いま、価格を特に問題にしていましてね。それでしたら、まあ、こちらで、もう一度よく検討してからあらためてご連絡をさしあげます。[*4]

ブラウン　そうですか……。それではご連絡をお待ちしておりますので……。

ケース2　「商談成立の可能性が少しある場合」

林　ただ、さきほどお話ししたように、二〇パーセントもの差があったんではねえ。それでは[*2]一〇パーセントとは申しませんが、価格を含めて他の条件で思い切った線を出していただけませんか。[*4]それによっては、もう一度こちらでも前向きに検討してみましょう。

ブラウン　はい、わかりました。至急、検討させていただきますので……。[*4]

ケース3　「商談成立の可能性が高い場合」

林　お宅との関係も長いわけだし、品質上の問題も特にありません。ですから、その辺を踏まえて、[*3]できるだけお宅からの購入を考えたいと思いますので、支払条件、その他の話を含めて、もう一歩踏み込んだ譲歩案を出してみてくれませんか。[*2]ほかの部門も納得させますから。

ブラウン　どうもご配慮ありがとうございます。早速ご返事させていただきますので、よろしくお願いいたします。

平成商事と東京通商は、長年の取引関係を持っている。平成商事のブラウンさんは、最近開発された新製品の売り込みのため、すでに東京通商に見積書を出してあるが、まだ、返事をもらっていない。ブラウンさんは、一日も早く商談をまとめるため東京通商購買部の林さんを訪問した。

ブラウン　早速ですが、今日お伺いいたしましたのはですね、先日お出しした新製品の見積もりの件ですけれど……。いかがでございましょうか。*3

林　ああ、そうですか。どうも返事が遅くなって申し訳ありません。じつは、いま見積書を営業部のほうで検討しているところで……。最終結論が出るまであと2週間ぐらい必要だ、と言っているんですが……。

ブラウン　そうですか。あの、私どもといたしましては御社との長いお取引関係も十分考慮して、当社のベストをお出ししたので、なんとかあの線でお認めいただけたらと思っているんですが。*2*3

林　まあ、おたくとは長いお付き合いですし、製品についてはわれわれも信頼してるんですがね。

ブラウン　ありがとうございます。

林　とにかくご存じのように、最近、諸情勢が厳しくなってきましてね。他社からも、いろいろ見積もりが出てきているんですよ。なかにはお宅のより二〇パーセント近くも低いのもありましてね……。

ブラウン　そうですか。まあ、いろいろご事情もおありかとは思いますが、*1　なんとか弊社のこれまでの実績をお認めいただいて……。*2

林　うう……。そうですね、率直に言って先日の見積もりから、もう一〇パーセント下げてもらえれば、なんとか社内も説得できるんじゃないかと思うんですが……。*1

Heisei Trading Company and Tokyo Trading have enjoyed a business relationship for many years. Mr. Brown of Heisei Trading Company has already submitted a written estimate to Tokyo Trading in order to sell a new product that has only recently been developed, but he has not yet received a reply. To close the deal as soon as possible, he is visiting Mr. Hayashi of Tokyo Trading's Procurement Department.

| | |
|---|---|
| Brown | I am visiting you today about the estimate for our new product that we submitted the other day. **What do you think about it?** |
| Hayashi | Oh. I'm sorry for the delay in giving you an answer. Actually, your estimate is now being studied by our Sales Department. They say that they will need about another two weeks before they can come to a final decision. |
| Brown | Is that right? Well, taking into full consideration our long business relationship with your company, we made our best possible offer. We hope **that you will be able to accept** something along those lines. |
| Hayashi | Well, we have worked with you for a long time and we know that we can trust your products. |
| Brown | Thank you very much. |
| Hayashi | But as you know, times are hard these days, and we have got estimates from other companies as well. Some of them are almost 20% lower than yours. |
| Brown | Really? Well, **I'm sure that there are many things you must take into account, but I hope that you will consider our track record with you.** |
| Hayashi | Hmm, well, **to be frank**, if you could lower your recent estimate by 10%, I think that I can somehow persuade the people here to accept it. |
| Brown | What! That's... That price is already just barely profitable for us. It would be very difficult... I understand about the price, **but couldn't you consider the other conditions as well? How about it?** |

## Case 1: Low Possibility of Making a Deal

| | |
|---|---|
| Hayashi | Well, if that price is your limit, then this is quite a difficult problem. What we're particularly concerned about is the price. But if that's your position, **we will restudy your estimate carefully and contact you again.** |
| Brown | Oh. Very well, I will be waiting to hear from you. |

## Case 2: Some Possibility of Making a Deal

| | |
|---|---|
| Hayashi | But as I just told you, there's a difference of as much as 20% in the prices. Look, I'm not going to ask for as much as 10%, but **couldn't you set a more competitive price** with the other conditions? Depending on your new estimate, we may be able to consider it more positively. |
| Brown | Fine, I understand. **We will reconsider our position immediately.** |

*Case 3: Strong Possibility of Making a Deal*

| | |
|---|---|
| Hayashi | We've had relations with you for a long time, and there are no particular problems with product quality. **Based on what we've discussed**, we would like to purchase the product from you if at all possible. **Could you submit a compromise proposal that's a bit closer to our position**, including the payment conditions and other matters? Then I will get the other departments to agree. |
| Brown | Thank you very much for your consideration. I will respond very soon. I appreciate your cooperation. |

## VOCABULARY

| | | |
|---|---|---|
| 東京通商 | とうきょうつうしょう | Tokyo Trading |
| 売り込み | うりこみ | selling |
| 商談 | しょうだん | deal |
| 購買部 | こうばいぶ | Procurement Department |
| 結論 | けつろん | conclusion |
| 付き合い | つきあい | relationship |
| おたく | | your firm, you |
| （諸）情勢 | （しょ）じょうせい | (various) conditions/situations, the times |
| 説得（する） | せっとく | persuade |
| 限界 | げんかい | limit |
| 前向きに | まえむきに | positively |
| 至急 | しきゅう | prompt, quick |
| 踏み込む | ふみこむ | step into, approach |

## ESSENTIAL EXPRESSIONS

### 1—Openings　「交渉」- 切り出し

① いろいろご事情もおありかとは思いますが

② 率直に言って……

③ まことに申し訳ありませんが

① is used to make a request that you know is difficult for the other person to accept. ② is often used before stating one's opinion directly or asking for an opinion. ③ is often used in negotiations when the speaker is about to make a request.

■ まことに申し訳ありませんが、前回 伺 った御社のご見解についてはご再考願えませんでしょうか。

**I am very sorry,** but could you please reconsider the position that you told me last time?

| 再考（する） | さいこう | reconsider |
|---|---|---|

---

## 2―Strong Demands and Requests 「交渉」－強い要請・依頼

① なんとか～を／で　お認めいただけたら……

② なんとかご配慮いただけませんか

③ 思いきった<sup>a</sup>／ぎりぎりの<sup>b</sup>／もう一歩踏み込んだ<sup>c</sup>／（最終の）線を出していただけませんか

In negotiations, it is sometimes necessary to make strong requests or demands. ① indicates purpose, methods, or other situations and asks the other person to give you special consideration. To make these expressions even stronger, it is possible to add ～をご考慮／理解の上 or ぜひ. ③ is used in the last stage of the negotiation to ask the other person to make a final proposal. For emphasis, *a* or *b* can be added, while *c* is used to ask for a further final compromise.

---

## 3―Confirmation 「交渉」－確認

① いかがでございましょう(か)／いかがでしょう(か)

② ～ということですね

③ あの線で（お認めいただけたら）……

④ （その辺）を踏まえて

① is used to confirm the other person's reaction to a request that has already been made. ② and ③ are used to confirm the contents of a request and to check that one's understanding of something is correct. In some contexts, ④ is also used in expressions such as この線／あの話を踏まえて……, as an opening to try to move the discussion further along based on what has already been discussed.

■ いろいろとお伺いいたしましたが、結局、この件についてはこれ以上ご協力はいただけない<u>ということですね</u>。

We have heard what you have to say, and I guess that in the end you will not be able to cooperate any further in this matter. **Is that correct?**

---

⌒ **4—Summing Up 「交渉」−まとめ** ⌒

① <u>よく検討してみましょう</u>

② <u>あらためてご連絡をさしあげます</u>

③ <u>前向きに検討してみましょう</u>

④ <u>検討させていただきますので……</u>

①, ②, and ④ are used after stating a negotiating position in response to requests or demands from the other party. ① does not necessarily indicate that the speaker is responding positively to the other person's demands; in fact, it is often used as an indirect negative expression in order to avoid a confrontation. ② is often used when there have been almost no positive results from the negotiations; this expression asks the other party not to contact the speaker unless the speaker makes the contact first. ③ indicates that the speaker wants to continue and conclude the negotiations.

---

## PRACTICE

I. **Write out the following dialogues to match the situations.**

1 昭和生命の総務部長であるあなたは、オフィスの賃貸契約の更新時期を迎え、オーナーの代表者である吉村常務と交渉を続けてきた。できるだけ経費を下げる必要もあって、率直に吉村常務に対して最終案を出すように強く要請した。

（「交渉」−切り出し）　＋　（「交渉」−強い要請）
　　(Openings)　　　　＋　(Strong Demands and Requests)

2 これに対して吉村常務はいろいろ事情があることはよく理解できるが、すでに出してある条件以上の妥協はできないことを強調してあなたに理解を求めた。

（「交渉」−切り出し）　＋　（「交渉」−確認）　＋　（交渉」−強い要請）
　　(Openings)　　　　＋　(Confirmation)　＋　(Strong Demands and Requests)

3 あなたの対応

ケースa. 吉村常務の要求はとても受けることができない。しかし対決を避けて話を締めくくった。
（内心ではこれ以上交渉しても無駄で、契約更新をあきらめている）
（「交渉」-切り出し） + （「交渉」-確認） + （「交渉」-まとめ）
　　(Openings)　　 + 　(Confirmation)　 + 　　(Summing Up)

ケースb. 吉村常務の最後の申し出は妥当な線なので受けようと考えている。ただし、そのことははっきり伝えないで話を締めくくった。
（「交渉」-確認） + （「交渉」-まとめ）
　(Confirmation)　 + 　　(Summing Up)

**VOCABULARY**

| 昭和生命 | しょうわせいめい | Showa Life Insurance |
| 賃貸契約 | ちんたいけいやく | lease contract |
| 更新（する） | こうしん | renew |
| 迎える | むかえる | meet |
| 代表者 | だいひょうしゃ | representative |
| 要請（する） | ようせい | request |
| 妥当（な） | だとう | proper |

**II.** Ogawa Components is a company that belongs to the Heisei Autos group. Heisei Autos has asked Ogawa Components to improve one of their component systems to increase efficiency and achieve a 10% price reduction. On top of this, Heisei Autos wants the product to be completed by the end of next month. Mr. Ueno, a senior managing director for Heisei Autos, and Mr. Ogawa, a senior managing director for Ogawa Components, are meeting today. Write out dialogues for cases a and b as continuations of the following dialogue.

平成自動車の系列会社である小川部品会社は、平成自動車から、ある部品のシステムを改善し、その効率をよくして、値段も10％下げるように要求された。そのうえその新製品の完成を来月の終わりまでにするように要求されている。平成自動車の上野専務と小川部品の小川専務は、今日このことについて話し合うことになっている。

**小川専務**　現在の状況を率直に説明し、理解を求め、特別の配慮を強く要請。

現在の状況：
平成自動車の要求に対して全力を尽くしてきた。その結果、部品システムの効率改善についてはなんとか目安がついた。しかし、値段と完成の時期について問題がある。

要請の内容：
製品完成の時期をもう2ヵ月延ばす。（そうすれば、全社を挙げて努力し、平成自動車の要求は全部満たす自信がある。）

上野専務　相手の事情を理解しながら平成自動車の立場を説明する。

平成自動車の立場：
現在まで技術者を小川部品に派遣したり、資金の援助もしながら、小川部品が平成自動車の要求に合わせることができるようにしている。小川部品が平成自動車の要求に合わせることができない場合は、系列外の会社からその部品を買うことも考えている。（しかし、できるだけそれはしたくない。）

ケースa

上野　　小川専務の申し出を検討しようと思い始めた。（理由−同社とのいままでの長い取引関係を考えて。）

小川　　申し出を認めてもらえるなら、必ず目標を達成することをもう一度確認して話を終える。

ケースb

上野　　他社からの部品購入を考え始めた。さらに強く目標達成を要求する。（理由−激しい競争の中で完成時期が遅れることは受け入れられない。）

小川　　上野専務にさらに要請。
要請の内容：完成時期を再来月末とする。

上野　　残念ながらこれ以上の交渉は無駄と考え、対決を避けながら平成自動車の立場を伝える。

## VOCABULARY

| | | |
|---|---|---|
| 系列会社 | けいれつがいしゃ | group company |
| 部品 | ぶひん | parts, components |
| 改善（する） | かいぜん | improve |
| 目安がつく | めやす | have some prospect |
| 全社を挙げて | ぜんしゃをあげて | with the company's total effort |
| 満たす | みたす | fulfill |
| 自信 | じしん | confidence |
| 技術者 | ぎじゅつしゃ | engineer |
| 援助（する） | えんじょ | assist |

## I.

1　常務、まことに申し訳ありませんが、当社もこの厳しい経済環境(かんきょう)の中で、できるだけコストを引き下げなければならないんですが、ひとつここで、なんとかもう一歩踏(ふ)み込(こ)んだ線を出していただけませんか。

2　いろいろ事情もおありかとは思いますが、前回さしあげた線が当社のできるベストなので、その辺を踏(ふ)まえてなんとかお認めいただけませんか。

3

a. なるほど。それでは率直(そっちょく)に言ってこれ以上は無理だということですね。それでは、また、あらためて(こちらから)ご連絡(れんらく)をさしあげますので……。

b. よくわかりました。いろいろご努力ありがとうございました。今日のお話を踏(ふ)まえて前向きに検討してみましょう。

## II.

| 小川 | 上野専務、今日はご依頼(いらい)の件につき率直(そっちょく)に現在の状況(じょうきょう)を申し上げて、いろいろとご理解をいただきたいと思って参りました。 |
|---|---|
| 上野 | お待ちしておりました。どうぞ……。 |
| 小川 | 早速ですが、御社(おんしゃ)からのご要求に対して当社としても全力を尽(つ)くして参りました。その結果、部品システムの効率改善についてはなんとか目安がつきました。しかし値段を10％下げることと、完成時期につきましては、残念ながらまだ少々問題が残っております。 |
| 上野 | そうですか。当社としても、これまで同系列の御社(おんしゃ)に対してはご存じのように技術者を派遣(はけん)したり、資金の援助(えんじょ)をするなど、特別のことをさせていただいているつもりですが……。 |
| 小川 | はい、それはよく存じております。いつも御社(おんしゃ)のご援助(えんじょ)には感謝いたしております。 |
| 上野 | これだけ厳しい経済環境(かんきょう)になってきますと、当社としても、もし、御社(おんしゃ)に当社のお願いを満たしていただけない場合には、(いろいろ事情もおありかとは思いますが)、率直(そっちょく)に言って系列外の会社からその部品を買うことも考えざるを得ないと思っています。 |

小川　　　えっ！　それまでお考えですか。どうでしょう、製品完成の時期をもう2ヵ月延ばしていただけませんか。私どももさらに全社を挙げて努力をいたしますので。そうすれば御社（おんしゃ）のご要求は全部満たす自信がございます。<u>なんとかご理解のうえ、ご配慮（はいりょ）いただけませんでしょうか。</u>

<u>CASE 1</u>

上野　　　そうですか。そこまでおっしゃるなら、御社（おんしゃ）との長い取引関係もあることですし、当社としてもう一度その線で<u>前向きに検討してみましょう</u>。

小川　　　ありがとうございます。そうしていただけるなら必ず目標達成をお約束いたしますので。よろしくお願いいたします。

<u>CASE 2</u>

上野　　　そうですか。<u>いろいろご事情もおありかとは思いますが</u>、<u>率直（そっちょく）に言って</u>、この厳しい競争の中で完成時期の遅（おく）れはとても……。

小川　　　それでは完成時期を再来月末（さらいげつ）にするということで<u>なんとかご無理をお願いできませんか</u>。

上野　　　なるほど、よくわかりました。お申し出の件、一応、承（うけたまわ）っておきますが、ちょっと……。当社でよく検討したうえで、<u>あらためてこちらからご連絡（れんらく）いたします</u>。

# Lesson 15

第15課

## After Five
## 仕事を終えて

When in Rome...
郷に入れば郷に従え

東京通商との契約がまとまり、部長は課長とブラウンさんを夕食に誘う。

| 課長 | ブラウンさん、今晩、何か予定がある？ |
|------|------|
| ブラウン | いいえ、べつに……。 |
| 課長 | じつは、部長が夕食を一緒にしないかとおっしゃっているんだ。東京通商との契約もうまくいったので、その慰労に誘ってくださったらしいんだよ。東京通商の大山常務もお招きしてあるんだ。 |
| ブラウン | そうですか。それはどうも……。今日は特に何もありません。 |
| 課長 | そう、それはよかった。 |
| ブラウン | 何時ごろ出かけられますか。 |
| 課長 | そうね。6時半ごろまでに、新橋の小料理屋に直接行くようにとのことだったから、6時過ぎにここを出よう。 |

Heisei Trading Company has signed a contract with Tokyo Trading, so the general manager has invited the section chief and Mr. Brown out to dinner.

| Section Chief | Mr. Brown, do you have any plans for this evening? |
|------|------|
| Brown | No, nothing in particular. |
| Section Chief | Actually, the general manager has asked if we will have dinner with him. The contract with Tokyo Trading has gone well, so he seems to be inviting us as a reward for our work. Oyama, a managing director from Tokyo Trading, has also been invited. |
| Brown | Why, thank you. I don't have any particular plans for tonight. |
| Section Chief | That's good. |
| Brown | When will you be leaving? |
| Section Chief | We're supposed to go directly to a Japanese restaurant in Shimbashi by about half past six, so we should leave here just after six. |

## VOCABULARY

| 誘う | さそう | invite |
|------|------|------|
| 慰労（する） | いろう | recognition for a job well done |
| 新橋 | しんばし | name of an area in Tokyo |
| 小料理屋 | こりょうりや | Japanese restaurant that serves light meals and drinks |
| 直接 | ちょくせつ | directly |

**小料理屋で**

| | |
|---|---|
| 部長 | このたびはご苦労さま。今晩は、ゆっくりやってください。 |
| 課長／ブラウン | どうもありがとうございます。 |
| 部長 | ところで、ブラウンさん、こういう所に来たことはありますか。 |
| ブラウン | いいえ、初めてです。なかなかおちついた静かな店ですね。部長はよく、ここにいらっしゃいますか。 |
| 部長 | いやあ、あまり……。それでも、お客さんの接待で、ときどき来ることがありますよ。 |
| 課長 | 部長、東京通商の大山常務もお招きするようにとのことでしたから、連絡いたしました。少し遅れていらっしゃるそうです。 |

**At the Restaurant**

| | |
|---|---|
| General Manager | Thank you for all of your hard work. Please relax and enjoy yourselves this evening. |
| Section Chief, Brown | Thank you very much. |
| General Manager | Tell me, Mr. Brown, have you ever been to a place like this before? |
| Brown | No, this is my first time. It's a really quiet, relaxing place, isn't it? Do you come here often? |
| General Manager | No, not very often. I just come occasionally with clients. |
| Section Chief | Since you asked me to invite Managing Director Oyama of Tokyo Trading, I contacted him, too. He said that he would be a little late. |

## VOCABULARY

| | |
|---|---|
| おちついた | calm |

## 東京通商の大山常務が遅れて参加

| | |
|---|---|
| 大山 | いやあ、遅れまして……。今日はお招きをいただき、ありがとうございます。このたびはいろいろお世話になりました。 |
| 部長 | どういたしまして。無事に話がまとまって何よりでした。 |
| 大山 | ところで、ブラウンさんは、しっかりした方ですね。なかなか手強い交渉相手でしたよ。 |
| ブラウン | そうですか。そんなことはないと思いますが……。 |
| 大山 | ところで、部長、もう少し暖かくなったらゴルフでもいかがですか。アレンジさせていただきますので……。 |
| 部長 | いいですね。やはり、オフィスを離れて、いろいろお話をする機会を持つことは、人間関係を深めていいと思いますよ。 |

*     *     *

| | |
|---|---|
| 課長 | 部長、そろそろこの辺で切り上げて、ちょっと二次会はどうでしょうか。カラオケでも……。いい所を知っておりますので……。 |

**Mr. Oyama of Tokyo Trading Joins the Others Late**

| | |
|---|---|
| Oyama | Sorry I'm late. Thank you very much for inviting me today. |
| General Manager | You're welcome. I'm relieved that everything was concluded without a hitch. |
| Oyama | By the way, Mr. Brown is a solid character. He was quite a tough negotiator. |
| Brown | Really? I don't think so. |
| Oyama | Say, how about some golf when it gets a bit warmer? Let me take care of everything. |
| General Manager | That sounds great. I really do think that it's important to have a chance to talk away from the office and to get to know each other better. |

*     *     *

| | |
|---|---|
| Section Chief | Boss, why don't we call it a day here and move to somewhere else. Maybe karaoke. I know a good place. |

## VOCABULARY

| | | |
|---|---|---|
| しっかりした方 | しっかりしたかた | person having a solid character |
| 手強い | てごわい | tough |

| 交渉相手 | こうしょうあいて | negotiator |
| 人間関係 | にんげんかんけい | human relations |
| 深める | ふかめる | deepen |
| 切り上げる | きりあげる | close, wind up |
| 二次会 | にじかい | a party after a party |

## 二次会で

課長　　　部長、ここは私がときどき歌いに来る所なんですが、ブラウンさんも一緒に来たことがあるんですよ。

ブラウン　課長が、歌がお上手なのに驚きました。なかなかのレベルですよ。

課長　　　そんなことないよ。それより、ブラウンさんのフォークソングもたいしたものだ。ブラウンさん、今日も歌ってくれるだろう。

ブラウン　いやあ、困りましたね。

課長　　　「郷に入れば郷に従え」です。ブラウンさん、さ、やって、やって……。

**At the Second Party**

Section Chief　This is a place where I come to sing sometimes. Mr. Brown has been here with me, too.

Brown　　　　I was surprised at how well you sing. You are quite talented.

Section Chief　Stop kidding me. Mr. Brown's folk songs are better. I hope you'll sing for us tonight.

Brown　　　　I don't know if I really want to do that.

Section Chief　"When in Rome, do as the Romans do." Come on, Mr. Brown, do it, do it…

## VOCABULARY

| 郷 | ごう | village, region |
| 従う | したがう | follow |
| 郷に入れば郷に従え | ごうにいればごうにしたがえ | When in Rome, do as the Romans do |

# PROVERBS

Proverbs such as 郷（ごう）に入れば郷（ごう）に従え are often used in business situations. The following are five common proverbs with literal translations, English equivalents, and example sentences.

1. 「急がばまわれ」（いそがば　まわれ）

   If you're in a hurry, take the long way around (rather than a dangerous short-cut) *Make haste slowly.*

   A　新しいマーケットに進出したいということですが、事前の市場調査は十分にやってくださいよ。「急がばまわれ」でいきましょう。

   B　はい、わかりました。

   A　I understand that you want to expand into new markets but please get adequate market research done beforehand. Let's "make haste slowly."

   B　Yes, I understand.

2. 「石の上にも三年」（いしの　うえにも　さんねん）

   Even if you sit on a cold stone, after three years of sitting it will warm up. *Perseverance brings success.*

   A　課長、私はこの仕事を、ずいぶん続けています。そろそろ、ほかの仕事をやらせていただけませんか。

   B　君がいるから、ここまで来たんじゃないか。「石の上にも三年」と言うから、もう少し頑張（がんば）ってくれよ。

   A　Boss, I have been doing this job for a while now. Couldn't you let me do something else?

   B　It is because you are here that we have been able to come this far. Perserverence brings success, as they say…

3. 「一石二鳥」（いっせき　にちょう）

   *Killing two birds with one stone.*

   A　C代理店と契約（けいやく）すれば、当社の配送拠点（きょてん）を閉鎖（へいさ）して、経費節減と能率向上が同時実現できます。

   B　なるほど、まさに「一石二鳥」の案だね。

   A　If we get that contract with C Agency and close our distribution point, we will be able to reduce costs and improve efficiency at the same time.

   B　I see. Truly, a plan that "kills two birds with one stone."

## 4. 「帯に短し、たすきに長し」（おびに　みじかし　たすきに　ながし）

Too short for an *obi* and too long for a *tasuki*. *It's good for neither one thing nor the other.*

**A**　あの遊休地をなんとか活用できませんかね。

**B**　ううん、あれは工場用地には狭<sup>せま</sup>すぎるし、営業所としては立地条件が悪いし……「帯に短し、たすきに長し」というところだなあ。

**A**　Isn't there anything that we can do with that unused land?

**B**　Well, it's too small to use for industrial purposes and not located well enough to use for a sales outlet... "It's good for neither one thing nor the other."

## 5. 「石橋をたたいて渡<sup>わた</sup>る」（いしばしを　たたいて　わたる）

Tap even on a stone bridge while crossing (to make sure that it is strong enough). *Prudent to a fault.*

**A**　T社との取引の件は、どうなりましたか。

**B**　今、T社の内容を詳<sup>くわ</sup>しく調べ直しているところです。もう少し時間をいただきたいんですが……　。

**A**　「石橋をたたいて渡<sup>わた</sup>る」だね。慎重<sup>しんちょう</sup>なのはいいんだが石橋をたたいても渡<sup>わた</sup>らない、というのも困るよ。時にはリスクを覚悟<sup>かくご</sup>しないと、取れる契約<sup>けいやく</sup>も取れませんよ。

**A**　What's happening with the T, Inc. deal?

**B**　At present, I am reinvestigating the contents of T, Inc. in detail. I will need to have a little more time.

**A**　"Be prudent to a fault," that's your problem. It's wise to be careful but you will never cross the bridge if you keep on tapping on it, and that is a bother. Sometimes you have to face up to the risks, otherwise you won't be able to pick up the contracts that can be taken.

## VOCABULARY

| | | |
|---|---|---|
| 事前（の） | じぜん | in advance, beforehand |
| 配送拠点 | はいそうきょてん | distribution point |
| 閉鎖（する） | へいさ | close, shut out |
| 帯 | おび | belt or sash (for a kimono) |
| たすき | | cord used for tucking up sleeves of a kimono |
| 遊休地 | ゆうきゅうち | unused land |
| 立地条件 | りっちじょうけん | site conditions |
| 石橋 | いしばし | stone bridge |

# The Japanese Employment System

## 日本的雇用システムの特徴

ケントさんは平成商事に入社して、まず日本の経営のやり方について、いろいろと人事部長に話を聞く機会があった。

ケント 日本的雇用システムの特徴は「終身雇用制」や「年功序列制」だと聞いておりますが、この制度は古いものですか。

部長 いいえ、そう古いものではありません。だいたい、大正時代（1912〜1926）に多くの企業が導入したものです。

ケント この制度の最大の特徴はなんですか。

部長 そうですね、それは個人の力より、グループの力をどうやって引き出すかという点です。それには、この制度がいままでは日本に最も適していたということです。

## 「終身雇用制」

部長 まず、大学または高校から新人を毎年一定の時期に採用します。そして、社内教育で企業特有の精神を植えつけ、会社は社員の生活を終身雇用制によって保証しているんです。

ケント なるほど。そうして会社への忠誠心と、強いグループ精神が生まれるわけですね。

部長 そうです。ですから、一定の中途採用はありませんでした。もっとも、最近はこの点がだいぶ変わってきています。特にバブルの崩壊後の不況や、東南アジア各国からの追い上げなどもあって、大きな岐路に立たされています。

When Mr. Kent joined Heisei Trading Company, he had an opportunity to hear the general manager of the Personnel Department speak in depth about Japanese management methods.

Kent I've heard that the key features of the Japanese employment system are lifetime employment and seniority-based promotion. Is this system very old?

General Manager No, it is not that old. Many companies adopted it sometime during the Taisho Era (1912–1926).

Kent What is the most important feature of the Japanese employment system?

General Manager Well, the focus is on how to draw out the strengths of the group, rather than the individual. In this respect, this system has proved to be the most suitable for Japan.

## Lifetime Employment System

| | |
|---|---|
| General Manager | First of all, new employees just out of university or high school are hired at a certain time each year. Then a company's special spirit is instilled in them through internal company training. The company guarantees its employees' livelihoods through the lifetime employment system. |
| Kent | I see. So that's how company loyalty and strong group psychology are created. |
| General Manager | That's right. So it used to be that there wasn't any midterm hiring of experienced people. Lately, however, this has changed quite a lot. We now stand at a major turning point because of the recession that followed the collapse of the bubble economy and because Southeast Asian countries are catching up with Japan. |

## VOCABULARY

| | | |
|---|---|---|
| 雇用 | こよう | employment |
| 特徴 | とくちょう | characteristic |
| 経営 | けいえい | management |
| 終身雇用 | しゅうしんこよう | lifetime employment |
| 年功序列 | ねんこうじょれつ | seniority-based promotion |
| 制度 | せいど | system |
| 大正時代 | たいしょうじだい | Taisho Era |
| 導入（する） | どうにゅう | introduce, adopt |
| 個人 | こじん | individual |
| 引き出す | ひきだす | draw out |
| 適する | てきする | suitable, appropriate |
| 新人 | しんじん | new graduate/employee |
| 一定 | いってい | certain, fixed |
| 採用（する） | さいよう | employ |
| 社内教育 | しゃないきょういく | internal company training |
| 特有の精神 | とくゆうのせいしん | special spirit |
| 植えつける | うえつける | plant, instill |
| 保証（する） | ほしょう | assure, guarantee |
| 忠誠心 | ちゅうせいしん | loyalty |
| 中途採用 | ちゅうとさいよう | midterm hiring of experienced people |
| 崩壊 | ほうかい | collapse |
| 不況 | ふきょう | recession |
| 追い上げ | おいあげ | chasing, catching up |
| 岐路 | きろ | turning point |

「年功序列制」

ケント　ところで、年功序列制のもとでは、能力があっても年功がないと、日本の企業では昇進できないんですか。

部長　そうですね。一般の日本の大企業の場合、入社後ある一定の期間は同じ入社年次のものは全員同じように昇進していきます。

ケント　そうですか。それで不満はないんですか。

部長　その点についてはですね、こう考えているんです。特定の人だけをあまり早く昇進させることは、かえって社内全体の調和を乱すと。それはグループとしての総合力を弱める結果にもなってしまいます。日本の企業はそれを避けるようにしてきたんですね。

ケント　個人プレーより、グループのまとまりや、協調性が重視されているわけですね。

部長　そうです。日本の会社は、全体として「和」を大切にするということです。

ケント　確かに日本の場合、グループとしてのまとまった力がこの制度によって発揮されるという特色はよくわかりました。しかし、一方、能力のある人の力が十分に発揮されないため、企業の活力が阻害されるということはないんでしょうか。

部長　確かに重要なポイントですね。したがって、特に最近多くの企業では真剣にこの点を見直し、実力重視の評価や給与制度を導入するところが増えてきましたよ。平成商事はその点、最も進んでいると思います。ケントさんも頑張ってください。

## Seniority-Based Promotion System

Kent　Under the seniority-based promotion system, is it true that even employees with ability are not promoted in Japanese companies unless they have seniority?

General Manager　That's correct. In most large Japanese companies, all of the people who joined the company in the same year are promoted similarly a certain time after they are hired.

Kent　Really? Don't any of them complain?

General Manager　Here's how we think about that. If only certain people were promoted, company harmony would be disturbed, and that would weaken the overall strength of the group. Japanese companies have tried to avoid that.

| Kent | So group solidarity and a cooperative attitude have been empha-sized more than individual initiative. |
|---|---|
| General Manager | Yes. Japanese companies value overall harmony. |
| Kent | Yes, I can see that the united strength of the group is given full play by this system in Japan. But isn't the vitality of companies limited because the strengths of talented individuals are not fully utilized? |
| General Manager | Yes, that is an important point, so recently many companies have been taking another look at that matter, and more and more companies are adopting evaluation methods and payroll systems that emphasize real ability. I think that Heisei Trading Company is the most advanced in this area. So, pease do your best, Mr. Kent. |

## VOCABULARY

| 昇進（する） | しょうしん | be promoted |
|---|---|---|
| 入社年次 | にゅうしゃねんじ | year of joining the company |
| 不満 | ふまん | discontent, complain |
| 特定（の） | とくてい | specific |
| かえって | | on the contrary |
| 調和 | ちょうわ | harmony |
| 乱す | みだす | disturb |
| 総合力 | そうごうりょく | overall strength/power |
| 弱める | よわめる | weaken |
| 避ける | さける | avoid |
| まとまり | | solidarity |
| 協調性 | きょうちょうせい | cooperative attitude |
| 重視（する） | じゅうし | attach importance to, emphasize |
| 和 | わ | harmony |
| 発揮（する） | はっき | give full play to one's ability |
| 特色 | とくしょく | distinctive feature |
| 活力 | かつりょく | vitality |
| 阻害（する） | そがい | block, limit |
| 真剣（に） | しんけん | seriously |
| 見直す | みなおす | take another look |
| 実力 | じつりょく | real power/ability |
| 評価 | ひょうか | evaluation |
| 給与制度 | きゅうよせいど | payroll system |

「中途採用」

> ケント　最近、伝統的な日本の銀行や企業でも、中途採用を活発に始めたところがあると聞きましたが。

> 部長　ええ、確かに多くの日本の企業が中途採用を始めているようです。

> ケント　それはどうしてですか。

> 部長　やはり、そのほうが企業の活性化につながるということですね。

> ケント　それに急激な技術革新にも対応できると思いますが……。

> 部長　そのとおりです。この傾向はさらに加速されていくでしょう。それにつれて、年功序列制給与体系も変わっていかなければならないでしょう。

## Midterm Hiring of Experienced People

| Kent | I've heard that recently even the traditional Japanese banks and other companies have begun to hire large numbers of experienced people. |
| --- | --- |
| General Manager | Yes, it's true that many Japanese companies have started to do this. |
| Kent | Why is that? |
| General Manager | Well as one might expect, it's better for revitalizing the companies. |
| Kent | It should also make it possible to cope with radical technological innovation. |
| General Manager | That's right. And these trends are likely to be accelerated even further. It will probably also make it necessary to change the seniority-based payroll system. |

## VOCABULARY

| 活発（に） | かっぱつ | actively |
| --- | --- | --- |
| 活性化 | かっせいか | revitalize |
| つながる | | result in |
| 急激（な） | きゅうげき | drastic, rapid, radical |
| 技術革新 | ぎじゅつかくしん | technological innovation |
| 加速（する） | かそく | accelerate |
| それにつれて | | along with that, also |
| 体系 | たいけい | system, organization |

## 「レイオフ」

ケント　日本の企業(きぎょう)でレイオフをすることがありますか。

部長　いいえ、いままでは、めったにありませんでした。しかし、引き続く不況(ふきょう)ではレイオフも避(さ)けられない状態になりつつあります。

ケント　レイオフをしないとなると、技術の進歩や景気によって、人手が余ったときはどうするんですか。

部長　そんな場合、従業員を配置転換(てんかん)したり、再訓練するんですよ。

ケント　なるほど。それで組合も近代化に協力的なんですね。

部長　そうです。特に日本経済が全体として拡大を続けてきたいままでは、そうした対応が可能だったんです。しかし、現在のように、いままで経験をしたことのない厳しい状態に直面して、早期退職を勧(すす)めたり、指名解雇(かいこ)をするようなケースも出てきています。

ケント　日本の労働慣行もこのままではやっていけなくなったんですね。

部長　そうです。日本の雇用(こよう)システムが大きな曲がり角に来ていることはまちがいありません。


## Layoffs

Kent　Do Japanese companies ever lay off workers?

General Manager　Until quite recently this hardly ever happened at all. Layoffs, however, are an inevitable condition in a prolonged recession.

Kent　Without layoffs, what happens to surplus manpower caused by technological progress or changing economic conditions?

General Manager　In such cases, employees are either retrained or redeployed within the organization.

Kent　I see. So that's why the labor unions go along with modernization?

General Manager　Yes. Such measures were possible until recently because the Japanese economy as a whole kept expanding. Now, though, we are facing a situation of unprecedented severity, and there have been cases in which companies are recommending early retirement or are even firing certain designated workers.

Kent　It won't be possible for traditional Japanese labor practices to stay the way they are, will it?

General Manager　No. There's no doubt that the Japanese employment system has come to a major turning point.

| | | |
|---|---|---|
| めったに | | rarely |
| 引き続く | ひきつづく | prolonged |
| 人手 | ひとで | manpower |
| 余る | あまる | become surplus |
| 配置転換 | はいちてんかん | the deployment of labor within the company or between different companies in the same group |
| 再訓練 | さいくんれん | retraining |
| 近代化 | きんだいか | modernization |
| 協力的 | きょうりょくてき | cooperative |
| 拡大（する） | かくだい | expand |
| 可能（な） | かのう | possible |
| 直面（する） | ちょくめん | face, come up against |
| 早期退職 | そうきたいしょく | early retirement |
| 勧める | すすめる | recommend, advise |
| 指名解雇 | しめいかいこ | firing of designated workers |
| 労働慣行 | ろうどうかんこう | traditional labor practices |
| 曲がり角 | まがりかど | turning point |

## 「これからの雇用システム」

ケント　いろいろ教えていただきましたが、日本的雇用システムにも、ずいぶん問題が出てきたようですね。特にバブルが崩壊してから景気の低迷が続いていて、そんな中で各企業もいままでのシステムを根本的に見直そうとしているとか……。

部長　そのとおりです。日本の企業では、いままで「人に働く場を与え、生きがいを与えることが重要であり、効率だけではない」という考え方が強かったんです。ですから、ともすれば、株主に対する配慮が欠けるような傾向がありました。

ケント　その点はよく言われるところですね。

部長　そうです。したがって、そのような基本的問題を含めて、雇用システム全体を見直す時期に入ってきているということです。こうしたシステムはお互いに深く結びついているわけですから、ひとつだけ変えてすますというわけにはいきません。

ケント　なるほど。いままでの日本の雇用システム全体にかかわる問題ですね。

部長　そこで、何よりもまず、経営者と従業員の意識、感覚が変わらなければならないでしょう。そして、やはり、優先順位を十分に考え、たとえ痛みが伴っても改革を進めていくことになるでしょう。

## The Future of the Employment System

| | |
|---|---|
| Kent | Thank you, I have learned a lot. The Japanese employment system has started to develop many problems too. In particular, the economy has remained sluggish since the collapse of the bubble economy, and companies have begun to fundamentally rethink the systems used till now. |
| General Manager | Exactly. You see, until recently in Japanese companies the idea that emphasized giving a man or a woman a place to work and giving their lives meaning was very strong. At times, therefore, there was also a tendency to give insufficient consideration to stockholders. |
| Kent | That is something that people often say, isn't it? |
| General Manager | That's right. Therefore, it is now time to reconsider the entire employment system, including fundamental problems as you've mentioned. With such a system, I am afraid that it will not be possible to get away with just changing one thing—everything is closely intertwined. |
| Kent | I see. So it's a problem that affects the entire Japanese employment system as it has existed up until now. |
| General Manager | More than anything else, management and employees will first have to change their attitudes and feelings. They will have to give adequate consideration to their priorities and move ahead with reform, even if it involves some pain. |

## VOCABULARY

| | | |
|---|---|---|
| 低迷 | ていめい | sluggish |
| 根本的 | こんぽんてき | fundamentally |
| 働く場 | はたらくば | workplace |
| 生きがい | いきがい | reason for living, meaning in one's life |
| 株主 | かぶぬし | shareholder |
| 配慮 | はいりょ | consideration, care |
| 欠ける | かける | lack, be insufficient |
| 見直す | みなおす | reconsider |
| （お）互いに | たがいに | each other, mutually |
| 結びつく | むすびつく | be closely intertwined |
| すます | | be able, be sufficient |
| かかわる | | relating to |
| 意識 | いしき | attitude |
| 感覚 | かんかく | feeling |
| 優先順位 | ゆうせんじゅんい | priority |
| たとえ | | even if |
| 痛み | いたみ | pain |
| 改革 | かいかく | reform |
| 進める | すすめる | move ahead with |

Answer the following questions about the Japanese employment system.

1　現在の日本的雇用システムは古いものですか。それはいつごろ導入された
　　ものですか。

2　その特徴はどんなものですか。

3　従業員の会社に対する忠誠心とグループ精神はどんなところから生まれて
　　きましたか。

4　日本の企業がいままで、中途採用をあまりしなかったのはなぜですか。

5　あなたの国にも年功序列制がありますか。日本の年功序列制について、あ
　　なたはどう思いますか。

6　なぜ日本では年功序列制が一般に用いられているのでしょうか。

7　日本の年功序列制には、どんな問題があると思いますか。

8　日本の企業では、いままで次のどれが重視されていましたか。そして、そ
　　れはなぜですか。
　　　a.　個人プレー
　　　b.　グループのまとまり
　　　c.　個人の優れた能力
　　　d.　協調性

9　あなたは伝統的雇用システムの日本の会社に就職したいですか、したくな
　　いですか。それはなぜですか。

10　実力重視の評価制度が効果的に機能するには、どんな要素が必要ですか。

11　最近、日本の伝統的企業でも中途採用を積極的に進めているところがあり
　　ます。それはなぜだと思いますか。

12　あなたはひとつの会社に勤めたら、定年までその会社で働こうと思います
　　か、思いませんか。それはなぜですか。

13　日本ではいままで、不況で人手が余っているとき、企業はどんな対応をし
　　ていましたか。あなたはそれについてどう思いますか。

14　不況に対して、いままで日本の企業はどんな対応をしましたか。それはな
　　ぜですか。

15　あなたは日本的雇用システムをどう思いますか。そのよい点と好ましくな
　　い点を挙げてください。

16　これから、日本のシステムがどんな変化をしていくと思いますか。

## VOCABULARY

| 就職（する） | しゅうしょく | get a job |
| 機能（する） | きのう | function, work |
| 勤める | つとめる | work for |
| 定年 | ていねん | mandatory retirement age |
| 挙げる | あげる | point out |

# Lesson 17

第17課

# Review Lesson 4

総合練習―4

## PRACTICE

Using the expressions that you have learned, discuss the following topics from the standpoints of America and Japan.

日本とアメリカは冷戦時代には、国防、経済問題ともに共通の利益に立っているという認識があった。しかし、その後両国は太平洋、または中国を含む東南アジアでの利益対立について考え始めている。そのため両国では特に経済問題をめぐって摩擦が起きている。

討論の進め方

以上のような状況は、両国にとって好ましいことではない。そこでアメリカ側、日本側の立場に立って、できるだけ摩擦を解消する方向で討論を進める。両国には、それぞれの立場に立った異なる見方や意見がある。それぞれの立場を主張するばかりでなく、相手の立場も理解する努力をしながら、中立的立場の意見も十分考えて討論をすること。それぞれの立場で示されている意見は、現実に起こった問題を参考にしてはいるが、討論のための想定である。したがって、このほかに、自由に意見や見方を新しく加えれば、討論をさらに活発にすることができる。

### VOCABULARY

| | | |
|---|---|---|
| 冷戦時代 | れいせんじだい | Cold War |
| 国防 | こくぼう | national defense |
| 共通（の） | きょうつう | common |
| 認識 | にんしき | recognition |
| 対立 | たいりつ | confrontation |
| 摩擦 | まさつ | friction |
| 異なる | ことなる | different |
| 見方 | みかた | view, way of looking at |
| 中立 | ちゅうりつ | neutral |
| 現実（に） | げんじつ | actually |
| 想定 | そうてい | assumption |

「アメリカ側」

- 日本の市場はアメリカと違って閉鎖的である。日本は市場をもっと開放し、各種の規制を解除しなければならない。日本の市場開放はまだ不十分である。

- そのため、輸入について、一定の数量目標を設定する必要がある。

- 数量目標はすべての商品について設定するのではなく、特定のものについて設定する。例えば、アメリカが世界全体の中で占めているシェアに比べ、

日本でのシェアが極端に低く、明らかに市場原理が働いていない分野が対象になる。（半導体、自動車、自動車部品、電気通信関係など）

- 日本は「企業、生産、輸出」のシステムから「生活、消費、輸入」を基にした体系への転換が必要である。

- 日本は円高をそのまま受け入れ、日本の経済構造転換に生かすべきである。

- 歴史的に日本は外国から圧力がないと政策を変えない傾向が強い。

- 日本政府はいつも「わかりました、その分野は開放しましょう」と言いながら、それをなかなか実現しない。

- 日本は自分自身のために、そして、世界経済における役割を果たすために、もっと内需を拡大すべきである。

## VOCABULARY

| 閉鎖的 | へいさてき | closed, exclusive |
|---|---|---|
| 開放（する） | かいほう | open |
| 規制 | きせい | control, regulation |
| 解除（する） | かいじょ | lift a ban |
| 数量目標 | すうりょうもくひょう | volume target |
| 設定（する） | せってい | set up |
| 占める | しめる | hold, occupy |
| 極端に | きょくたんに | extremely |
| 市場原理 | しじょうげんり | market principles |
| 働く | はたらく | operate, function |
| 分野 | ぶんや | area |
| 対象 | たいしょう | subject |
| 半導体 | はんどうたい | semiconductor |
| 消費 | しょうひ | consumption |
| 転換（する） | てんかん | convert |
| 構造 | こうぞう | structure |
| 圧力 | あつりょく | pressure |
| 政策 | せいさく | policy |
| 政府 | せいふ | government |
| 役割 | やくわり | role |
| 果たす | はたす | fill |

## 「日本側」

- アメリカの経済力は依然として世界的に優位な立場にある。巨額の貿易赤字を抱えてはいるが、技術収支やサービス収支の黒字と、海外直接投資収益を加えると全体として黒字になる。

- アメリカは財政赤字の縮小に努力をしなければならない。

- 輸入について数量目標を設定するようなアメリカの主張は一方的保護貿易主義で、自由貿易の原則に反する。（ドイツ、イギリス、アメリカの中にも同じ意見がある。）

- 日本の市場は開放的で、現在まで日本でアメリカの製品があまり売れないのは、アメリカ企業の努力が不足しているからである。（右ハンドルの自動車がアメリカから輸入されるようになったのは最近で、右ハンドルのドイツ車は十数年前から輸入されて売れ行きもよい。）

- 日本の輸入が増えなかったのは、日本の不況が長引き、需要が伸びなかったためである。一方、アメリカは不況を脱して、消費が増え、日本からの輸入が拡大した。日米間の景気回復の時期の違いがアメリカの貿易赤字に影響している。

## VOCABULARY

| | | |
|---|---|---|
| 依然 | いぜん | still |
| 優位 | ゆうい | superiority |
| 貿易赤字 | ぼうえきあかじ | trade deficit |
| 技術収支 | ぎじゅつしゅうし | earnings from technology |
| 抱える | かかえる | hold |
| 収支 | しゅうし | income and expenditure |
| 黒字 | くろじ | profit |
| 直接投資 | ちょくせつとうし | direct investment |
| 財政赤字 | ざいせいあかじ | financial deficit |
| 主張 | しゅちょう | assertion |
| 一方的 | いっぽうてき | one-sided |
| 保護貿易主義 | ほごぼうえきしゅぎ | trade protectionism |
| 原則に反する | げんそくにはんする | violate the principle |
| 長引く | ながびく | be prolonged |
| 脱する | だっする | escape from, get out of |
| 時期の違い | じきのちがい | difference of timing |
| 影響（する） | えいきょう | influence |

「中立の立場」

- アメリカには二つの顔がある。すなわち、日本との関係を強くしようとする「強い産業」と、国内優先に傾く「弱い産業」である。感情的に反論するだけでは、日米の共存を目ざすもう一つの実体を見失うことになる。

- 技術の最前線では政治交渉とは関係なく，日米対立という単純な考え方よりも、自衛のため協調と模索で生き残ろうと考えている。

- 民間企業の間では、日本はアメリカなしで、アメリカは日本なしでは共にビジネスが成り立たない、という相互依存関係が定着している。（ビジネスと政治とは別である。）

- 輸入について二国間で数量目標を設定する管理貿易的取り決めは、協定に違反するおそれがある。

- 貿易面での全面的対決をすると両国にとってプラスになることは何もない。実際はどちらも敗者になってしまう。（日本はノーを言い続ける段階ではない。）

- 日本が自分の閉鎖性を棚上げして、「戦う日本」の姿勢を続ければ、摩擦は激しくなるばかりである。

- 日米のシステムは互いに歩み寄るべきである。アメリカが消費者主権なのに対して、日本では生産者と企業が強い。日米の中間が最もバランスがとれている。日本がアメリカになる必要はない。

## VOCABULARY

| | | |
|---|---|---|
| すなわち | | namely |
| 傾く | かたむく | incline |
| 感情的 | かんじょうてき | emotional |
| 反論（する） | はんろん | make a counterargument |
| 共存 | きょうそん | co-existence |
| 実体 | じったい | substance |
| 見失う | みうしなう | lose sight of |
| 最前線 | さいぜんせん | front line |
| 政治交渉 | せいじこうしょう | political negotiation |
| 単純な | たんじゅんな | simple |
| 自衛 | じえい | self defense |
| 模索 | もさく | search |
| 生き残る | いきのこる | survive |
| 民間 | みんかん | private sector |
| 成り立つ | なりたつ | viable |

| 相互依存関係 | そうごいぞんかんけい | relation of interdependence |
| 定着（する） | ていちゃく | stabilize |
| 設定（する） | せってい | set up |
| 管理貿易 | かんりぼうえき | trade under government control |
| 取り決め | とりきめ | agreement, arrangement |
| 協定 | きょうてい | (formal) agreement |
| 違反（する） | いはん | violate |
| 全面的対決 | ぜんめんてきたいけつ | overall confrontation |
| 敗者 | はいしゃ | loser |
| 棚上げ（する） | たなあげ | shelve |
| 戦う | たたかう | fight |
| 続ける | つづける | continue |
| 激しく | はげしく | violent, fierce |
| 歩み寄る | あゆみよる | compromise |
| 主権 | しゅけん | sovereignty |

# List of Essential Expressions

# Japanese–English Glossary

けいざいかつどう　経済活動　economic activities　77

けいざいかんきょう　経済環境　economic environment　111

けいざいじょうたい　経済状態　economic situation　167

けいざいせい　経済性　economic aspects　96

けいざいどうこう　経済動向　economic trends　60

けいだんれん　経団連　Japan Federation of Economic Organizations　152

けいひ　経費　expenses　107

けいやく　契約　contract　101

けいゆ　経由　via　157, 168

けいり　経理　general accounting　9

けいりかちょう　経理課長　chief of Accounting Section　158

けいりマン　経理マン　comptroller　62

けいれつ　系列　distribution network　94

けいれつがいしゃ　系列会社　group company　181

けっかんしょうひん　欠陥商品　defective products　97

けつぎ　決議　resolution　136

けっこう　結構　sounds good　93

けっこんひろうえん　結婚披露宴　wedding reception　123

けっさいする　決裁　approve　43

けっていてき　決定的　decisive　168

けつろん　結論　conclusion　177

けねん（する）　懸念　fear, concern, worry 82, fears　111

けんあんの　懸案　outstanding, not yet resolved　96

けんかい　見解　view, opinion　101, 111

げんかい　限界　limit　177

けんきゅうしょ　研究所　research institute　118

げんきんこうかいかいつけ　現金公開買い付け　cash tender offer　136

けんげん　権限　authority　43

げんざい　現在　present　63

げんざいりょう　原材料　raw materials　98

げんじつに　現実に　actually　206

げんじょう　現状　current situation　98

げんしょうする　減少　decrease　69, 101

けんせつ　建設　construction　101

けんぞう　建造　construction　165

げんそくにはんする　原則に反する　violate the principle　208

げんち　現地　on-site　145

けんとう（する）　検討　consider, discuss 98, examine, investigate, study　77, 85

げんみつにいえば　厳密に言えば　strictly speaking　171

げんゆ　原油　crude oil　165

こ

ごう　郷　village, region　189

ごうい　合意　agreement　163

こうかい　更改　renewal　120

こうかてき　効果的　effective　85

こうきゅう　高級　high class　101

こうけんする　貢献　contribute　132

こうこく　広告　advertisement　67

こうこくひ　広告費　advertising costs　169

ごうしがいしゃ　合資会社　limited partnership　9

こうしきに　公式に　officially　136

こうしょう　交渉　negotiation　67

こうじょう　向上　improvement　111

こうじょう　工場　plant, factory　144

こうしょうあいて　交渉相手　negotiator　189

こうじょうようち　工場用地　factory site　158

こうしんする　更新　renew　180

こうせい　攻勢　attack, offensive　79

こうぞう　構造　structure　207

こうたい　交代　change　123

こうつうきかん　交通機関　transportation facilities　49

こうばい　購買　purchase　9

こうばいぶ　購買部　Procurement Deptartment　177

こうひょうする　公表　announce publicly　129

こうほう　広報　public relations　9

こうほうしつ　広報室　Public Relations Office　109

こうほうぶ　広報部　Public Relations Department　68

ごうめいがいしゃ　合名会社　unlimited partnership　9

ごうりか　合理化　rationalization　107

こうりつ　効率　efficiency　111

こうりつか　効率化　increasing efficiency　107

こうりょする　考慮　consider　77

コールバック　call back, return a call　15

こくぼう　国防　national defense　206

こじん　個人　individual　195

こじんれんたいほしょう　個人連帯保証　personal joint guarantee　123

ことなる　異なる　different　206

このことすら　even this (matter)　132

このさい　この際　at this time　81

このたび　now, recently　6

このましい　好ましい　favorable　170

こむぎ　小麦　wheat　98

こよう　雇用　employment　195

こんかい　今回　this time　2

こんかいにかぎり　今回に限り　for this time only　123

こんき　今期　this term　136

こんきょ　根拠　basis　136

こんごとも　今後とも　from now on　5

こんなん　困難　problematic　118

こんぽんてき　根本的　fundamentally　201

さ

さいあく　最悪　worst　62

しゃしんか　写真家　photographer　109

しゃちょう　社長　president　9

しゃない　社内　in the company　62

しゃないきょういく　社内教育　internal company training　195

じゅうぎょういん　従業員　employee　136

しゅうし　収支　income and expenditure　208

じゅうしする　重視　attach importance to　197

しゅうしょくする　就職　get a job　203

しゅうしんこよう　終身雇用　lifetime employment　195

しゅうせい　修正　correction, revision　163

じゅうたくち　住宅地　residential area　101

しゅうちゅう　集中する　concentrate　107

じゅうてん　重点　important point　85

じゅうてんをおく　重点を置く　give priority　57

じゅうようあんけん　重要事項　important matters　43

じゅうらい　従来　up to now　94

しゅくしょうする　縮小　reduce　99

しゅけん　主権　sovereignty　210

しゅしにそう　趣旨に添う　live up to one's expectation　145

しゅたいてき　主体的　subjective　107

しゅちょう　主張　assertion　208

しゅっしゃする　出社　be in the office　43

しゅっちょうほうこく　出張報告　report on business trip　48

しゅどう　主導　initiative, direction　59

しゅとけん　首都圏　Tokyo area　93

しゅにん　主任　manager　100

しゅみ　趣味　hobby　2

じゅよう　需要　demand　101

しゅりょく　主力　main　98

しゅりょくせいひん　主力製品　main product　63

じゅんちょうな　順調　going well　100

じょうきょう　状況　condition　77

しようけいやく　使用契約　lease contract　152

しょうけん　証券　security, stock　118

じょうけん　条件　condition　93

しょうこうかいぎしょ　商工会議所　Chamber of Commerce and Industry　6

じょうし　上司　one's superior　6

じょうしき　常識　common sense　93

しょうしゃ　商社　trading company　98

しょうしゅうする　召集　call a meeting　101

しょうしゅうする　招集　call into session　93

しょうしんする　昇進　be promoted　197

しょうたいする　招待　invite　151

しょうだん　商談　deal　177

しょうにんする　承認　approve　163

しょうひ　消費　consumption　207

しょうひしゃ　消費者　consumer　109

しょうひんか　商品化　merchandizing, marketing　57

じょうほうしゅうしゅう　情報収集　collection of information　118

じょうほする　譲歩　make a concession　133

じょうむ　常務　managing director　9

しょうらい　将来　future　80

しょぞくする　所属　belong to　25

しょたいめん　初対面　first meeting　3

しょち　処置　action　69

しょめんで　書面で　in writing　47

しらべなおす　調べ直す　check again, re-examine　192

シリコンバレー　Silicon Valley　77

じんいんさくげん　人員削減　staff cuts　135

じんいんはいち　人員配置　manpower assignment　111

しんきじぎょう　新規事業　new business/project　62

しんけんに　真剣に　seriously　197

しんこうする　進行　proceed, advance　77

じんざい　人材　human resources　62

じんじ　人事　personnel　9

じんじいどう　人事異動　personnel movement　135

じんじかちょう　人事課長　chief of personnel section　62

しんしゅつする　進出　extend　94

しんじん　新人　new graduate/employee　195

しんせいひん　新製品　new product　63

しんそつ　新卒　new graduates　62

しんちょうに　慎重に　carefully　96, 132

しんちょうをきす　慎重を期す　make sure　77

しんらい　信頼　trust　132

しんらいのおける　信頼の置ける　trustworthy, reliable　57

## す

すいじゅん　水準　level　119

すいしんする　推進　promote　107

～すう　～数　number of ～　101

すうねんかん　数年間　a few years　62

すうりょうもくひょう　数量目標　volume target　207, 210

すえおく　据え置く　leave as it is　69

すじがき　筋書き　outline, program　94

すすめる　勧める　recommend, advise　200

すすめる　進める　move ahead with　201

すなわち　namely　209

すます　be able, be sufficient　201

ずらす　put off, delay　107

## せ

せいかく　性格　character　93

せいさく　政策　policy　207

せいさくひ　制作費　producion costs　109

せいじおしょく　政治汚職　political scandal　68

とうち　当地　here, this area　149
とうどり　頭取　(bank) president　9
とうにゅうする　投入　add to product line　124
どうにゅうする　導入　introduce, adopt　195
とうはいごう　統廃合　merging or closing　59
とうぶん　当分　for the time being　96
とうめん　当面　for the time being　107
どうよう　同様　same as　12
どうりょう　同僚　colleague　10
とくいさき　得意先　customer, client　43
とくしゅな　特殊な　special　63
とくしゅほうじん　特殊法人　special (semigovern-mental) corporations　59
とくしょく　特色　distinctive feature　197
とくちょう　特徴　characteristic　195
とくていの　特定の　specific　197
どくとくな　独特　unique　124
とくに　特に　specifically　62
とくばい　特売　special sale　150
とくべつわく　特別枠　special quota　101
とくゆうのせいしん　特有の精神　special spirit　195
とっきょけん　特許権　patent right　152
ととのえる　整える　make ready　163
ともすれば　sometimes　163
ともなう　伴う　go with, accompany　111
ドライしょうひん　ドライ商品　nonperishable products　94
とりあつかう　取り扱う　handle　111
とりきめ　取り決め　agreement, arrangement　210
とりくむ　取り組む　tackle a problem　107
とりしまりやく　取締役　director　9
とりしまりやくかい　取締役会　board meeting　9
とりしまりやくかい　取締役会 board of directors　136
とりつぐ　取り次ぐ　transfer (a call)　15
とりひき　取引　deal, business 10, transaction　111
とりひきさき　取引先　business connection/client　10
とりよせる　取り寄せる　obtain　77
ドルやす　ドル安　low dollar exchange rate　99
とんやすじ　問屋筋　wholesale dealers　93

**な**
ないじゅ　内需　domestic demand　119
ないない　内々　confidentially　132
ないぶじじょう　内部事情　internal reason　149
ないぶてつづき　内部手続き　internal procedures　43
ないみつ　内密に　confidentially　132
なか　仲　relations　132
ながねん　長年　long time　132
ながびく　長引く　be prolonged　208
なのる　名乗る　give one's name　15
なまめん　なま麺　fresh noodles　98

なりたつ　成り立つ　viable　209
なんとか　何とか　somehow or another　145
なんなりと　anything　132
なんらかの　some　132

**に**
にじかい　二次会　a party after a party　189
にっけい　日系　Japanese　2
にっていひょう　日程表　itinerary　43
にゅうぎょうがいしゃ　乳業会社　dairy producer　93
にゅうしゃねんじ　入社年次　year of joining the company　197
にわり　2割　20%　109
にんげんかんけい　人間関係　human relations　189
にんしき　認識　recognition　206

**ね**
ね　根　root　163
ねばる　粘る　stick to　158
ねびき　値引き　price discount　133
ねらう　狙う　aim　124
ねんこうじょれつ　年功序列　seniority-based promotion　195
ねんのために　念のために　make sure, just in case　20

**の**
のうにゅうする　納入　deliver, supply　10
ノウハウ　know-how　62
のうりつ　能率　efficiency　166
のがす　逃す　miss　77
～のけん　～の件　concerning ~, regarding ~　17
のぞむ　臨む　to face　81
のべる　述べる　express, tell　77

**は**
はいしゃ　敗者　loser　210
ばいしゅうする　買収　purchase, take over, acquisi-tion　77
はいそうきょてん　配送拠点　distribution point　191
はいぞく　配属　assign　12
はいふする　配布　distribute　68
はいぶん　配分　distribution　101
はいりょする　配慮　consider　101
はかる　図る　plan　69
ばくぜん　漠然　vague　59
はげしい　激しい　severe　99
はげしく　激しく　violent, fierce　210
はけんする　派遣　dispatch, assign　144
はしら　柱　center of principle　111
パスタ　pasta　98
はずれる　外れる　deviate　67
はたす　果たす　fill　207

はたらきかける　働きかける　work on, (try to) influence　107

はたらく　働く　operate, function　207

はたらくば　働く場　workplace　201

はつあん　発案　idea, suggestion　107

はっきする　発揮　give full play to one's ability　197

はっこうする　発行　publish　109

はっせいする　発生　grow　163

はっそうする　発送　send　32

はつばいご　発売後　after the start of sales　100

はつばいする　発売　put on the market, launch a product　93

はなしにならない　話にならない　not even worth discussing　93

はなのきく　鼻のきく　have a keen sense of smell, have a sharp nose for information　132

はば　幅　extent, range　119

はらをわった　腹を割った　frank　132

はるかにすぐれる　はるかに優れる　far superior　137

はんい　範囲　extent, range　68

はんだんする　判断　judge　77

はんどうたい　半導体　semiconductor　207

はんばいかちょう　販売課長　sales manager　6

はんばいかつどう　販売活動　sales activities　107

はんばいせいさく　販売政策　marketing policy　111

はんばいせんりゃく　販売戦略　sales strategy　57

はんばいそくしん　販売促進　sales promotion　6

はんばいてん　販売店　sales dealer　58

はんばいほうしん　販売方針　sales policy　69

はんばいもう　販売網　sales network　93

はんろんする　反論　refute, make a counterargument　85, 209


ひ

ひきうける　引き受ける　undertake, take on (a job, a responsibility)　6

ひきさげ　引き下げ　reduction　119

ひきさげる　引き下げる　cut down　109

ひきしめる　引き締める　tighten, reduce　80

ひきだす　引き出す　draw out　195

ひきつづく　引き続く　prolonged　200

ひごろの　日頃の　usual　69

ひていする　否定　deny　138

ひとで　人手　manpower　200

ひやくする　飛躍　jump, make rapid progress　77

ひょうか　評価　evaluation　197

ひょうばん　評判　reputation　94

ひょうめいする　表明　express　111

ひんしつ　品質　quality　99

ひんぱつする　頻発　occur frequently　68


ふ

ふうど　風土　climate, customs　163

ぶか　部下　subordinate　10

ふかくていようそ　不確定要素　(element of) uncertainty　119

ふかめる　深める　deepen　189

ふきょう　不況　recession　195

ふくしゃちょう　副社長　executive vice president　9

ふくむ　含む　include　135

ふくめる　含める　include　69

ふざい　不在　absence　15

ふさい　負債　debt　123

ふさく　不作　bad crop　98

ぶじ　無事　without mishap　79

ぶしょ　部署　division, department, section　57

ふそく　不足　shortage　98

ぶちょう　部長　general manager　9

ぶっけん　物件　thing, object　123

ぶないかいぎ　部内会議　internal department meeting　48

ぶひん　部品　parts　181

ぶぶんてき　部分的　partially　85

ふまえる　踏まえる　based on, considering　93

ふまん　不満　discontent, complaint　197

ふみこむ　踏み込む　step into, approach　177

ふやす　増やす　increase　101

ぶんしょ　文書　documents　111

ぶんせき　分析　analysis　69

ぶんや　分野　area　207


へ

へいさする　閉鎖　close　191

へいさてき　閉鎖的　closed, exclusive　207

へいしゃ　弊社　our company (humble expression)　7

へる　経る　through　163

へんこう　変更　change　100

べんごし　弁護士　lawyer　152

へんさい　返済　pay back　123

へんせいする　編成　organize　144


ほ

ほうえきあかじ　貿易赤字　trade deficit　208

ほうかい　崩壊　collapse　195

ほうこう　方向　direction　81

ほうこくする　報告　report　43

ほうしょう　褒章　prize　85

ほうしん　方針　policy　45

ほうほう　方法　method　163

ほうむぶ　法務部　Legal Department　68

ほくべい　北米　North America　99

ほごぼうえきしゅぎ　保護貿易主義　trade protectionism　208
ほさ　補佐　assistant ~　9
ほしょうする　保証　assure, guarantee　195
ほんじつ　本日　today　12
ほんやくする　翻訳　translate　148
ほんらい　本来　originally　163

**ま**

マーケティング　marketing　9
まえむきに　前向きに　positively　177
まえむきにうけとめる　前向きに受け止める　consider (receive) favorably　167
まかせる　任せる　entrust　109
まがりかど　曲がり角　turning point　200
まける　give a discount　157
まさつ　摩擦　friction　206
まとがはずれる　的が外れる　off the mark　132
まとまり　solidarity　197
まわす　回す　circulate　163
まんせき　満席　completely booked　49

**み**

みあわせる　見合わせる　give up, abandon, forego　149
みうしなう　見失う　lose sight of　209
みかた　見方　view, way of looking at　206
みき　幹　trunk　163
みたす　満たす　fulfill　181
みだす　乱す　disturb　197
みつもりしょ　見積書　written estimate　26
みとおし　見通し　prospect, forecast, outlook　57, 118
みなおす　見直す　take another look, reconsider　197, 201
みみにいれる　耳にいれる　inform　169
みりょくてき　魅力的　attractive　85
みる　see, be responsible for　6
みんかん　民間　private sector　209

**む**

むかえ　迎え　picking up　61
むかえる　迎える　meet　180
～むけ　～向け　for ~　61
むすびつく　結びつく　be closely intertwined　201
むだ　無駄　waste　84

**め**

めいがら　銘柄　name of stock　119
めいじる　命じる　order, instruct, direct　57, 144
メーカー　manufacturer　3
めざす　目ざす　aim at　111
めったに　rarely　200

めやす　目安がつく　have some prospect　181
めをつける　目をつける　pay special attention, have one's eye on　77
めんかい（する）　面会　meet　3
めんじて　免じて　for one's sake　132

**も**

もくてき　目的　purpose　49
もくひょう　目標　target　85
もさく　模索　search　209
もよおす　催す　hold (a meeting)　149
もらす　漏らす　leak　132
もれる　漏れる　leak　129

**や**

やくしょくめい　役職名　title　7
やくわり　役割　role　207
やむをえない　やむを得ない　can't be helped, unavoidable　62, 99

**ゆ**

ゆうい　優位　superiority　208
ゆうきゅうち　遊休地　unused land　191
ゆうぐうする　優遇　treat preferentially　119
ゆうげんがいしゃ　有限会社　limited company　9
ゆうこう　有効　effective　163
ゆうこうてき　友好的　friendly　136
ゆうし　融資　financing　123
ゆうせん（する）　優先　priority　99, take precedence　93
ゆうせんじゅんい　優先順位　priority　201
ゆうのうな　有能　capable　145
ゆうりな　有利　advantageous　99
ゆそうする　輸送　transport　165
ゆだんならない　油断ならない　have to be careful, cannot make any mistakes　171

**よ**

ようい　容易　easy　62
ようい　用意　preparation　124
ようきゅうする　要求　request　101
ようけん　用件　object, purpose of a call　15
ようするに　要するに　in short, in other words　93
ようせいする　要請　request　180
ようせん　用船　charter ship　166
ようそ　要素　factor　77
ようぼうする　要望　request, ask　107
よさんかんり　予算管理　budget control　169
よそくする　予測　estimate, forecast　77
よち　余地　room　107
よびだす　呼び出す　ask to speak to　15

よほど remarkably 158
よろしゅうございますか Is it right? 22
よわめる 弱める weaken 197

## ら

〜らい 〜来 since 93
らいき 来期 next term 169
らいきゃく 来客 guest; visitor 27
らいねんど 来年度 next fiscal year 85
らくでない 楽でない not easy/comfortable 77

## り

りあげする 利上げ increase the interest rate 96
りえきせい 利益性 profitabilty 111
りえきりつ 利益率 profit ratio 79
りかいする 理解 understanding 111
リストアップ（する） list 43
リストラ restructuring 109
りっちじょうけん 立地条件 site conditions 191
りゆう 理由 reason 63
りゅういする 留意 pay attention, be careful 129
りょう 両 both 77
りょう 量 volume 111
りんりきてい 倫理規定 rule of ethics 68

## る

るす 留守 being away, absence 43

## れ

れいせんじだい 冷戦時代 Cold War 206
れきしてきはいけい 歴史的背景 historical factors 59
れんたいほしょう 連帯保証 joint guarantee 123
れんらくがつく 連絡がつく make contact 22

## ろ

ろうきゅうか 老朽化 become too old for work (use) 165
ろうどうかんこう 労働慣行 traditional labor practices 200

## わ

わ 和 harmony 197
わかもの 若者 younger generation, young people 61
わきまえる be fully aware of 145
わく 枠 frame, allocation 133
わりあて 割り当て allotment 100
わりあてる 割り当てる allot 100
わりだかな 割高 comparatively expensive 99
わりやすな 割安 relatively cheap 119

# English–Japanese Glossary

reliable　しんらいのおける　信頼の置ける　57

rely on　たよる　頼る　129

remarkably　よほど　158

renew　こうしんする　更新　180

renewal　こうかい　更改　120

repeatedly　かさねて　重ねて　111

replace　おきかえる　置き換える　165

report　ほうこくする　報告　43, (business trip)
　しゅっちょうほうこく　出張報告　48

reporter　きしゃ　記者　59

representative　だいひょうしゃ　代表者　180

representative director　だいひょうとりしまりやく
　代表取締役　9

reputation　ひょうばん　評判　94

request　ようきゅうする　要求　101, ようぼうする
　要望　107, ようせいする　要請　180

research　ちょうさ　調査　9

Research Department　ちょうさぶ　調査部　2

research institute　けんきゅうしょ　研究所　118

research organization　ちょうさきかん　調査機関　63

reserve　えんりょ　遠慮　58

residential area　じゅうたくち　住宅地　101

resolution　けつぎ　決議　136

respond　たいおう　対応　15

responsibility　せきにん　責任　93

restructuring　リストラ　109

result in　つながる　198

retraining　さいくんれん　再訓練　200

return a call　コールバック　15

return to one's country　きこくする　帰国　48

revision　しゅうせい　修正　163

revitalize　かっせいか　活性化　198

revolutionary　かっきてき　画期的　132

risk　かける　57

rival company　きょうそうがいしゃ　競争会社　79

role　やくわり　役割　207

room　よち　余地　107

root　ね　根　163

rule of ethics　りんりきてい　倫理規定　68

rumor　うわさ　132


S

sales　うりあげ　売り上げ　100

sales activities　はんばいかつどう　販売活動　107

sales dealer　はんばいてん　販売店　58

sales manager　はんばいかちょう　販売課長　6

sales network　はんばいもう　販売網　93

sales policy　はんばいほうしん　販売方針　69

sales promotion　はんばいそくしん　販売促進　6

sales strategy　はんばいせんりゃく　販売戦略　57

same　どう～　同～　99

same as　どうよう　同様　12

scale　きぼ　規模　99

schoolmate　どうそう　同窓　109

search　もさく　模索　209

section　ぶしょ　部署　57

section chief　かちょう　課長　9

secure　かくほ　確保　101, かためる　固める　124

security (stock)　しょうけん　証券　118, (collateral)
　たんぽ　担保　123

see　みる　6

select　あつめる　集める　62

selection　せんたく　選択　77

self defense　じえい　自衛　209

self-introduction　じこしょうかい　自己紹介　2

sell　うりこむ　売り込む　137

selling　うりこみ　売り込み　177

semiconductor　はんどうたい　半導体　207

send　はっそうする　発送　32

senior managing director　せんむ　専務　6, 9

seniority-based promotion　ねんこうじょれつ　年功
　序列　195

seriously　しんけんに　真剣に　197

set about　しかける　仕掛ける　79

set　せいびする　整備　93

set up　せっち　設置　101, せっていする　設定　207, 210

severe　はげしい　激しい　99, きびしい　厳しい　169

shareholder　かぶぬし　株主　201

shelve　たなあげする　棚上げ　210

shift　てんかんする　転換　111

shipbuilding　ぞうせん　造船　163

shipping company　かいうんがいしゃ　海運会社　166

short supply　しなうす　品薄　100

shortage　ふそく　不足　98

show an upward tendency　うわむきになる　上向き
　になる　119

Silicon Valley　シリコンバレー　77

simple　たんじゅんな　単純な　209

since　～らい　～来　93

site conditions　りっちじょうけん　立地条件　191

situation　じじょう　事情　146

sloppy　ざつになる　雑になる　57

sluggish　ていめい　低迷　201

socializing　せったい　接待　123

software operations　ソフトぶもん　ソフト部門　77

solidarity　まとまり　197

solve　かいけつする　解決　84, かいしょうする　解
　消　107

some　なんらかの　132

somehow or another　なんとか　何とか　145

sometimes　ともすれば　163

sort　せいりする　整理　111

# An all-new edition of the all-time best-selling textbook

# JAPANESE FOR BUSY PEOPLE: Revised 3rd Edition

## Association for Japanese-Language Teaching (AJALT)

The leading textbook series for conversational Japanese has been redesigned, updated, and consolidated to meet the needs of today's students and businesspeople.

- Free CD with each text and workbook
- Edited for smoother transition between levels
- Hundreds of charming illustrations make learning Japanese easy
- Clear explanations of fundamental grammar

**VOLUME 1** Teaches survival Japanese, or about one-third of the vocabulary and grammar typically introduced in beginner courses.

- **Japanese for Busy People I: Revised 3rd Edition, Romanized Version**
  Paperback, 296 pages, CD included   ISBN: 978-1-56836-384-4

- **Japanese for Busy People I: Revised 3rd Edition, Kana Version**
  Paperback, 296 pages, CD included   ISBN: 978-1-56836-385-1

- **Japanese for Busy People I: The Workbook for the Revised 3rd Edition**
  Paperback, 128 pages, CD included   ISBN: 978-1-56836-399-8

- **Japanese for Busy People I: Teacher's Manual for the Revised 3rd Edition**
  Paperback, 152 pages, all in Japanese   ISBN: 978-1-56836-4001

- **Japanese for Busy People: Kana Workbook for the Revised 3rd Edition**
  Paperback, 104 pages, CD included   ISBN: 978-1-56836-401-8

**VOLUME 2** Brings learners to the intermediate level, enabling them to carry on basic conversations in everyday situations.

- **Japanese for Busy People II: Revised 3rd Edition**
  Paperback, 328 pages, CD included   ISBN: 978-1-56836-386-8

- **Japanese for Busy People II: The Workbook for the Revised 3rd Edition**
  Paperback, 176 pages, CD included   ISBN: 978-1-56836-402-5

**VOLUME 3** Covers intermediate-level Japanese.

- **Japanese for Busy People III: Revised 3rd Edition**
  Paperback, 328 pages, CD included   ISBN: 978-1-56836-403-2

- **Japanese for Busy People III: The Workbook for the Revised 3rd Edition**
  Paperback, 144 pages, CD included   ISBN: 978-4-7700-3036-8

- **Japanese for Busy People II & III: Teacher's Manual for the Revised 3rd Edition**
  Paperback, 256 pages, all in Japanese   ISBN: 978-4-7700-3039-9

# KODANSHA USA DICTIONARIES

## Easy-to-use Dictionaries Designed for Learners of Japanese

### KODANSHA'S COMMUNICATIVE ENGLISH-JAPANESE DICTIONARY

A practical and comprehensive reference for learners at all levels.
- 22,000 entries and 19,000 example sentences and phrases
- Natural and accurate Japanese translations
- Japanese script throughout, with pronunciation of all kanji shown in hiragana or katakana
- Special columns on usage that teach you how to express yourself in Japanese
- Illustrations of objects, places, and people with parts labeled

**Hardcover, 1200 pages, ISBN 978-4-7700-1808-3**

### KODANSHA'S FURIGANA JAPANESE DICTIONARY
### JAPANESE-ENGLISH / ENGLISH-JAPANESE

Both of Kodansha's popular furigana dictionaries in one portable, affordable volume. A truly comprehensive and practical dictionary for English-speaking learners, and an invaluable guide to using the Japanese language.
- 30,000-word basic vocabulary
- Hundreds of special words, names, and phrases
- Clear explanations of semantic and usage differences
- Special information on grammar and usage

**Hardcover, 1318 pages, ISBN 978-1-56836-457-5**

### KODANSHA'S FURIGANA JAPANESE-ENGLISH DICTIONARY

The essential dictionary for all students of Japanese.
- Furigana readings added to all kanji
- 16,000-word basic vocabulary

**Paperback, 592 pages, ISBN 978-1-56836-422-3**

### KODANSHA'S FURIGANA ENGLISH-JAPANESE DICTIONARY

The companion to the essential dictionary for all students of Japanese.
- Furigana readings added to all kanji
- 14,000-word basic vocabulary

**Paperback, 728 pages, ISBN 978-4-7700-2751-1**

### KODANSHA'S ROMANIZED JAPANESE-ENGLISH DICTIONARY

A portable reference written for beginning and intermediate students.
- 16,000-word basic vocabulary
- No knowledge of kanji necessary

**Paperback, 688 pages, ISBN 978-4-7700-2753-5**

### KODANSHA'S BASIC ENGLISH-JAPANESE DICTIONARY

An annotated dictionary useful for both students and teachers.
- Over 4,500 headwords and 18,000 vocabulary items
- Examples and information on stylistic differences
- Appendices for technical terms, syntax, and grammar

**Paperback, 1520 pages, ISBN 978-4-7700-2895-2**

# KODANSHA USA DICTIONARIES

## Easy-to-use Dictionaries Designed for Learners of Japanese

## THE KODANSHA KANJI LEARNER'S DICTIONARY

The perfect kanji tool for beginners to advanced learners.
- Revolutionary SKIP lookup method
- Five lookup methods and three indices
- 2,230 entries and 41,000 meanings for 31,000 words

**Paperback, 1060 pages (2-color), ISBN 978-1-56836-429-2**

## KODANSHA'S ESSENTIAL KANJI DICTIONARY

A functional character dictionary that is both compact and comprehensive.
- Complete guide to the 1,945 essential jōyō kanji
- 20,000 common compounds
- Three indices for finding kanji

**Paperback, 928 pages, ISBN 978-1-56836-397-4**

## KODANSHA'S EFFECTIVE JAPANESE USAGE DICTIONARY

A concise, bilingual dictionary which clarifies the usage of frequently confused words and phrases.
- Explanations of 708 synonymous terms
- Numerous example sentences

**Paperback, 768 pages, ISBN 978-4-7700-2850-1**

## KODANSHA'S DICTIONARY OF BASIC JAPANESE IDIOMS

All idioms are given in Japanese script and Romanized text with English translations. There are approximately 880 entries, many of which have several senses.

**Paperback, 672 pages, ISBN 978-4-7700-2797-9**

## A DICTIONARY OF BASIC JAPANESE SENTENCE PATTERNS

Author of the best-selling *All About Particles* explains fifty of the most common, basic patterns and their variations along with numerous contextual examples. Both a reference and a textbook for students at all levels.
- Formulas delineating basic pattern structure
- Commentary on individual usages

**Paperback, 320 pages, ISBN 978-4-7700-2608-8**

## A DICTIONARY OF JAPANESE PARTICLES

Treats over 100 particles in alphabetical order, providing sample sentences for each meaning.
- Meets students' needs from beginning to advanced levels
- Treats principal particle meanings as well as variants

**Paperback, 368 pages, ISBN 978-4-7700-2352-0**

www.kodanshausa.com

# JAPANESE LANGUAGE GUIDES

## Easy-to-use Guides to Essential Language Skills

## 13 SECRETS FOR SPEAKING FLUENT JAPANESE  *Giles Murray*

The most fun, rewarding, and universal techniques of successful learners of Japanese that anyone can put immediately to use. A unique and exciting alternative, full of lively commentaries, comical illustrations, and brain-teasing puzzles.

**Paperback, 184 pages, ISBN 978-1-56836-426-1**

## BREAKING INTO JAPANESE LITERATURE: Seven Modern Classics in Parallel Text

*Giles Murray*

Read classics of modern Japanese fiction in the original with the aid of a built-in, customized dictionary, free MP3 sound files of professional Japanese narrators reading the stories, and literal English translations. Features Ryunosuke Akutagawa's "Rashomon" and other stories.

**Paperback, 240 pages, ISBN 978-1-56836-415-5**

## EXPLORING JAPANESE LITERATURE: Read Mishima, Tanizaki and Kawabata in the Original

*Giles Murray*

Provides all the backup you need to enjoy three works of modern Japanese fiction in the original language: Yukio Mishima's "Patriotism," Jun'ichiro Tanizaki's "The Secret," and Yasunari Kawabata's "Snow Country Miniature."

**Paperback, 352 pages, ISBN 978-4-7700-3041-2**

## READ REAL JAPANESE FICTION: Short Stories by Contemporary Writers

*Edited by Michael Emmerich*

Short stories by cutting-edge writers, from Otsuichi to Tawada Yoko. Set in vertical text with translations, notes, and an audio CD containing narrations of the works.

**Paperback, 256 pages, ISBN 978-4-7700-3058-0**

## READ REAL JAPANESE ESSAYS: Contemporary Writings by Popular Authors

*Edited by Janet Ashby*

Essays by Japan's leading writers. Set in vertical text with translations, notes, and an audio CD containing narrations of the works.

**Paperback, 240 pages, ISBN 978-1-56836-414-8**

## BASIC CONNECTIONS: Making Your Japanese Flow  *Kakuko Shoji*

Explains how words and phrases dovetail, how clauses pair up with other clauses, how sentences come together to create harmonious paragraphs. The goal is to enable the student to speak both coherently and smoothly.

**Paperback, 160 pages, ISBN 978-1-56836-421-6**

## JAPANESE CORE WORDS AND PHRASES: Things You Can't Find in a Dictionary

*Kakuko Shoji*

Some Japanese words and phrases, even though they lie at the core of the language, forever elude the student's grasp. This book brings these recalcitrants to bay.

**Paperback, 144 pages, ISBN 978-4-7700-2774-0**